ママも子どももイライラしない

親子でできる アンガー マネジメント

小尻美奈
Mina Kojiri

SHOEISHA

本書内容に関するお問い合わせについて

このたびは翔泳社の書籍をお買い上げいただき、誠にありがとうございます。弊社では、読者の皆様からのお問い合わせに適切に対応させていただくため、以下のガイドラインへのご協力をお願い致しております。下記項目をお読みいただき、手順に従ってお問い合わせください。

●ご質問される前に

弊社Webサイトの「正誤表」をご参照ください。これまでに判明した正誤や追加情報を掲載しています。

　　正誤表　　　https://www.shoeisha.co.jp/book/errata/

●ご質問方法

弊社Webサイトの「刊行物Q&A」をご利用ください。

　　刊行物Q&A　　https://www.shoeisha.co.jp/book/qa/

インターネットをご利用でない場合は、FAX または郵便にて、下記"愛読者サービスセンター"までお問い合わせください。
電話でのご質問は、お受けしておりません。

●回答について

回答は、ご質問いただいた手段によってご返事申し上げます。ご質問の内容によっては、回答に数日ないしはそれ以上の期間を要する場合があります。

●ご質問に際してのご注意

本書の対象を越えるもの、記述個所を特定されないもの、また読者固有の環境に起因するご質問等にはお答えできませんので、あらかじめご了承ください。

●郵便物送付先およびFAX番号

送付先住所　　〒160-0006　東京都新宿区舟町5
FAX番号　　　03-5362-3818
宛先　　　　　（株）翔泳社 愛読者サービスセンター

●免責事項

※本書の内容は2020年10月現在の法令等に基づいて記載しています。
※本書に記載されたURL等は予告なく変更される場合があります。
※本書の出版にあたっては正確な記述に努めましたが、著者および出版社のいずれも、本書の内容に対してなんらかの保証をするものではなく、内容やサンプルに基づくいかなる運用結果に関してもいっさいの責任を負いません。
※本書では™、®、©は割愛させていただいております。

はじめに

「ママをやめたい……」

　子どもが生まれた日、可愛くて愛おしい我が子を抱きしめながら、「今日は人生最高の日」「ママになれてよかった」と胸の奥から湧き立つ幸せを感じていた私が、その２年後のある日、心の中で呟いた一言です。
　「子どもの教育に携わりたい！」と新卒で幼稚園教諭の仕事に就き、１クラス 30 名の子ども達と毎日かかわっていた私が、たった一人の我が子にこれほどイライラするなんて思ってもいませんでした。もちろん、子育ては楽しいし、面白い。なのに……このイライラは何？　どこからやってくるの？　イライラすることに疲れ、「ママ業」がとてつもなく大変な仕事に思えて、つい「ママをやめたい」と思ってしまいました。そして、そう思ってしまった自分は「ダメなママだ」と責めて、自己嫌悪に陥りました。

　でも、イライラに悩むママは、私だけではありませんでした。私が携わった保育現場や、自身の子育て中に児童館や子育て支援センター、子育てサークルで出会ったママ達に共通する悩みでした。「子どもが生まれて初めて、自分がこんなにイライラする人間だと知った」「仕事ではほとんどイライラしないのに、子育てでは毎日怒ってばかり」──多くのママたちが子育てを通して、多かれ少なかれ「イライラ」を抱えていたのです。

　子どもが誕生すると、ママの生活は一変します。ママは「大人」ではありますが、「親」としてはピッカピカの１年生。とくに、それまで子どもとかかわるような環境にいなかった人にとって、子育ては未知の世界です。
　例えるなら、まったく違う業界に転職して、初めて覚えることだらけの業務に翻弄されているようなもの。そして、子育てはある意味、仕事よりも過酷です。

想像してみてください。仕事中にいきなり「ご飯を食べさせて！」「汗だらけで気持ちが悪いから、着替えさせて！」と泣き出す部下がいたらどうでしょう？　話が通じず、何度注意しても同じミスを繰り返す同僚にどこまで寛容でいられますか？

　夜中に「話を聞いてほしい」という後輩の電話に付き合わされて、寝ることもできない。しかも、「指導係はあなただから、何かあったらすべてあなたの責任です」などと言われたらどうですか？　もし、そんな生活が続いたら、心も体も病んでしまいそうです。「こんなブラック企業は耐えられない！」と退職したくなるでしょう。

　しかし、会社は辞められても、子育てを投げ出すことはできません。私たちがイライラしながらでも子育てができるのは、自分にとって子どもが大切な存在で、子どもの可愛さを知っているから。子どもの成長に喜びを感じ、子育ての楽しさも知っているから。子どもを愛しているからです。

　上手に怒れないことでママの愛が子どもに伝わらず、親子ともに苦しんだり、親子関係が悪化したりするのは悲しいことです。私自身は子育て中に知った「アンガーマネジメント」を取り入れることで、気持ちがラクになり、イライラを建設的に活かせるようになりました。そして、現在はアンガーマネジメントコンサルタントとして、講座や講演を通してママ達がイライラと上手に付き合えるためのお手伝いをしています。

　本書では、子育てにアンガーマネジメントの技法を取り入れ、ママや子どもがイライラと上手に付き合うコツを紹介します。

　自分の中に湧き起こるイライラのサインを受け止め、読み解き、「怒る必要のないこと」は受け流し、「怒る必要のあること」に対してだけ上手に怒る。こうした心のコントロール方法を身につけるための取り組みを、日常生活で実践しやすい形で解説しています。

　とくにアンガーマネジメントの35個のスキル（マジック）は、親子で一緒に取り組める形で紹介しているので、ママと子どものどちらのイライラにも活用できます。

　もちろん、最初からうまくいくとは限りません。アンガーマネジメント

は、繰り返し取り組むことで習慣になり、次第に意識しなくてもできるようになっていきます。子どもがお箸の持ち方を覚え、毎日練習するうちに上手になるのと同じで、すぐにできる子も、何年もかかる子もいます。ですが、「上手に使えるようになりたい」と思う気持ちがあれば、みんな上達します。

　各章末には、本書のイラストを描いていただいたイラストレーターのこつばんさんが、娘のしーちゃんとともにアンガーマネジメントに取り組む様子がマンガで紹介されています。次章に進む前に、ほっこりエピソードをお楽しみください。

　子育てをしていると、失敗したり、うまくいかなかったり、悩んだり、苦しんだりすることが多々あります。ですが、一見ネガティブに思える出来事でも、後で振り返ると「あの出来事があったからこそ、気づきや学びを得られた」と自分の成長につながるエッセンスになっている場合があります。

　この本を手に取ってくださったあなたは、「ママとして、人として成長したい」と思っているのではないでしょうか。そんなあなたなら大丈夫。イライラと上手に付き合えるようになれば、怒りは厄介なものではなく、自身を成長させる力にできます。「育児は育自」という言葉がありますが、子育てにアンガーマネジメントを取り入れて、さまざまな感情を味わいながら、「自分育て」を楽しみましょう。

　本書が、ママと子どもの毎日をもっと豊かにハッピーにして、親子で一緒に成長するための一助になれば幸いです。

2020年11月　　　　　　　　　　　　　　　　　　　小尻 美奈

目次

はじめに ··· 3

第1章
ママがイライラするのは当たり前

ママと子どもはイライラが生まれやすい関係 ······················ 12

「ほめるママ」のプレッシャーは捨てていい ······················· 14

自分を責めないで！ ママは怒っていい ··························· 16

イライラはコントロールできる！ ································· 18

イライラは我慢が必要？ いいえ、決めるだけ ····················· 20

なんだかんだ、子どもはママが好き ······························· 22

イライラは悪？ いいえ、大切な気持ちのひとつ ··················· 24

第2章
「イライラ」が教えてくれる8つのサイン

イライラのサイン1：「危険」を教えてくれる ····················· 28

イライラのサイン2：「守りたいもの」を教えてくれる ············· 30

イライラのサイン3：「大切なもの」を教えてくれる ··············· 32

イライラのサイン4：「自分の価値観」に気づかせてくれる ········· 34

イライラのサイン5：「自分の本当の気持ち」を教えてくれる ······· 36

イライラのサイン6：「自分の理想」を教えてくれる ··············· 38

イライラのサイン7：**「自分の欲求」を教えてくれる** ⋯⋯⋯⋯⋯⋯ 40

イライラのサイン8：**自分を成長させてくれる** ⋯⋯⋯⋯⋯⋯⋯⋯⋯ 42

第3章
上手に怒るための5つのステップ

怒るときに守ってほしい3つのルール ⋯⋯⋯⋯⋯⋯⋯⋯⋯⋯⋯⋯⋯ 46

上手な怒り方にはコツがある ⋯⋯⋯⋯⋯⋯⋯⋯⋯⋯⋯⋯⋯⋯⋯⋯ 48

上手に怒るためのステップ1：**イラッとしたら6秒待つ** ⋯⋯⋯⋯ 50

上手に怒るためのステップ2：**「怒る・怒らない」を決める** ⋯⋯ 52

上手に怒るためのステップ3：**心の器を広げて怒りにくい考え方を身につける** ⋯ 54

上手に怒るためのステップ4：**怒る必要のあるときは行動を決める** ⋯ 56

上手に怒るためのステップ5：**伝え方を身につける** ⋯⋯⋯⋯⋯⋯ 58

コラム すぐに効くマジックと、じわじわ効いてくるマジック ⋯⋯ 61

第4章
今すぐできる！
「イライラを落ち着かせる」マジック

6秒マジック1：**頭ストップ作戦** ⋯⋯⋯⋯⋯⋯⋯⋯⋯⋯⋯⋯⋯⋯ 64

6秒マジック2：**落ち着く「呪文」を唱えよう** ⋯⋯⋯⋯⋯⋯⋯⋯ 66

6秒マジック3：**スーハー深呼吸** ⋯⋯⋯⋯⋯⋯⋯⋯⋯⋯⋯⋯⋯⋯ 68

6秒マジック4：**頭の中で引き算しよう** 70

6秒マジック5：**その場クギづけ作戦** 72

6秒マジック6：**怒りの温度づけ** 74

6秒マジック7：**イライラを絵にしよう** 76

6秒マジック8：**その場を離れよう** 78

6秒マジック9：**「できる私」にインタビュー** 80

6秒マジック10：**理想の1日を描く「ミラクルデイ・エクササイズ」** 82

6秒マジック11：**「できた」を見つけるサクセスログ** 84

6秒マジック12：**「体トントン」で落ち着けサイン** 86

6秒マジック13：**口角アップでご機嫌脳へ** 88

6秒マジック14：**応援言葉で気持ちを上げる** 90

6秒マジック15：**風船でイライラバイバイ** 92

6秒マジック16：**イライラモンスターで怒りを実感** 94

第5章
毎日取り組んでイライラしにくいママになる 「心広げるマジック」

心広げるマジック1：**イライラの記録「アンガーログ」** 98

心広げるマジック2：**イライラの正体を知る「べきログ」** 100

心広げるマジック3：**いいこと探しの「ハッピーログ」** 102

心広げるマジック4：**状況を変える「変化ログ」** 104

心広げるマジック5：**イライラの型を崩す「ブレイクパターン」** 106

心広げるマジック6：**3つの箱で「自分の考えチェンジ作戦」** 108

心広げるマジック7：**自分の物語を作る「セルフストーリー」**……110

心広げるマジック8：**24時間チャレンジ「穏やかなママ」**……112

心広げるマジック9：**憧れの人を演じて「怒り上手」に**……114

心広げるマジック10：**マイナス感情を溜めない「ストレス・不安ログ」**……116

心広げるマジック11：**自分史フォーマットで見つける私の「べき」**……118

心広げるマジック12：**心を緩めるストレッチ**……120

心広げるマジック13：**イライラを減らすリラックスメニュー**……122

心広げるマジック14：**イライラのきっかけ探し「怒りスイッチログ」**……124

第6章
シチュエーション別 ママと子どもの 「イライラしない」 かかわり方

お悩みケース1：**朝起きない子どもにイライラ！**……128

お悩みケース2：**朝の身支度が遅い子どもにイライラ！**……130

お悩みケース3：**何でもやりたがる主張の強い子どもにイライラ！**……132

お悩みケース4：**毎日繰り返される兄弟喧嘩にイライラ！**……134

お悩みケース5：**宿題を後回しにする子どもにイライラ！**……136

お悩みケース6：**8時までに寝ようとしない子どもにイライラ！**……138

お悩みケース7：**些細なことで怒ってしまう自分にイライラ！**……140

お悩みケース8：**すぐ泣きだす子どもにイライラ！**……142

お悩みケース9：**野菜嫌いの子どもにイライラ！**……144

お悩みケース10：**ピアノの練習をしない子どもにイライラ！**……146

お悩みケース11：**服を脱ぎっぱなしにする子どもにイライラ！**……148

お悩みケース12：**ゲームを巡る子どもとの対立にイライラ！** ⋯⋯⋯⋯⋯ 150

お悩みケース13：**遊びに夢中で帰りたがらない子どもにイライラ！** ⋯⋯ 152

お悩みケース14：**食事のマナーが悪い子どもに毎日イライラ！** ⋯⋯⋯⋯ 154

お悩みケース15：**子どもの細かいこだわりにイライラ！** ⋯⋯⋯⋯⋯⋯⋯ 156

お悩みケース16：**「どうせ⋯⋯」と拗ねる子どもにイライラ！** ⋯⋯⋯⋯ 158

お悩みケース17：**きょうだいでテレビのチャンネル争いにイライラ！** ⋯ 160

お悩みケース18：**すぐ「ムカつく」「ウザい」と言う子どもにイライラ！** ⋯ 162

お悩みケース19：**「おやつを食べられた！」子どものイライラ** ⋯⋯⋯⋯ 164

お悩みケース20：**嫌がらせを受けている子どものイライラ** ⋯⋯⋯⋯⋯ 166

お悩みケース21：**妹の言動を我慢している兄のイライラ** ⋯⋯⋯⋯⋯⋯⋯ 168

お悩みケース22：**頑張っても結果を出せなかった子どものイライラ** ⋯⋯ 170

装丁	大岡 喜直 (next door design)
本文デザイン	相京 厚史 (next door design)
イラスト	こつばん
DTP	株式会社 シンクス

第1章

ママがイライラするのは当たり前

「イライラするのは悪いこと」「イライラの感情はなくすべき」——そんなふうに考える人も少なくありません。でも、イライラは大事な感情のひとつ。具体的な対処法の前に、そもそも「なぜイライラするのか？」「イライラとはどういうものなのか？」についてふれておきたいと思います。

ママと子どもは
イライラが生まれやすい関係

◉ 「イライラするな」と言うほうが難しい

　「いいかげんにしなさいっ！」「何回言ったらわかるの!?」——子どもの言動に、つい怒鳴ってしまった経験はありませんか？　ある調査では、子育てに悩みがある親の７割が、注意しても直らないときは子どもを怒鳴ってしまうことがあると回答しています（右図参照）。

　「子どもが生まれるまで、自分がこんなにイライラを感じるなんて思わなかった」「職場ではほとんどイライラしないのに、我が子には毎日イライラ」など、子育てのイライラに関するお悩みは尽きません。でも安心してください。ママが子どもにイライラするのは、ある意味「当たり前」のことなのです。

　なぜなら、イライラは**身近な対象にほど強く感じ、力関係の強い人から弱い人へ向かう**といった性質があるからです。多くの母親にとって、子どもは最も身近な存在。そして、大人と子どもには圧倒的な力の差があります。母子関係は、もともとイライラを生じやすい状況にあるのです。

　私たちはみな「母親」から生まれます。十月十日の長い期間、胎児はへその緒を通して栄養をもらい、母親の声を聴きながら育まれます。妊娠時の母子は一心同体の状態で過ごします。

　子どもの成長にともなって徐々に母子分離が進んでいきますが、子どもが小さいころ（とくに誕生から数年間）の母子は、あらゆる人間関係の中で最も密接と言えます。当たり前のように「一人の時間」を過ごしていた女性が、出産を機に「子どもとつねに一緒にいる生活」が当たり前になる。これは劇的な変化です。

　慣れない上にどうしても母親側の比重が大きくなる育児、頼れる人が身近にいない環境、仕事と家庭の両立など、「母親」となった女性の状況はストレスフルです。子育てに関する身内や社会からの期待やプレッシャーを

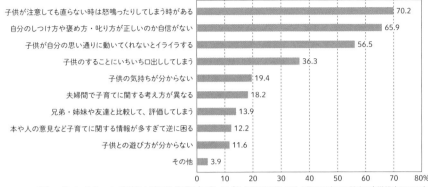

子供が注意しても直らない時は怒鳴ったりしてしまう時がある　70.2
自分のしつけ方や褒め方・叱り方が正しいのか自信がない　65.9
子供が自分の思い通りに動いてくれないとイライラする　56.5
子供のすることにいちいち口出ししてしまう　36.3
子供の気持ちが分からない　19.4
夫婦間で子育てに関する考え方が異なる　18.2
兄弟・姉妹や友達と比較して、評価してしまう　13.9
本や人の意見など子育てに関する情報が多すぎて逆に困る　12.2
子供との遊び方が分からない　11.6
その他　3.9

出典：プレイフルラーニング 幼児の「遊びと学び」プロジェクト「幼児期の子どもを持つ親の子育てに関する意識調査」2013年

感じながら、孤軍奮闘するママ達に「イライラするな」と言うほうが難しいでしょう。

◉イライラは子どもを守るため

　女性は男性に比べると何倍も感情を感じやすい生き物だと言われることがあります。ヒステリーという言葉がギリシャ語の「子宮」を意味したり、「怒」という漢字の中に「女」が入っていたりと、女性とイライラは昔から関連づけられることが多かったのかもしれません。

　後述しますが、私たちには、**大切な子どもを守るために**イライラが備わっています。感情的な人というのは性別に関係なくいますが、女性が男性以上にイライラと関連づけられやすいとすれば、それはお腹に宿った子どもを守るために必要な感情として備わっているからかもしれません。

まとめ

● 密接な母子関係だからこそイライラが生じる
● ママを取り巻く環境はイライラが生まれやすい
● イライラは子どもを守るために備わっている

「ほめるママ」のプレッシャーは捨てていい

◉ 「ほめること」が目的ではない

　巷に溢れる「ほめる育児方法」。私も幼稚園に勤めていたころや我が子の子育て中に、「ほめる教育」「ほめる子育て」の本を読んでは、「叱るよりもほめたほうがいい」と信じ、実践しようとしていました。

　幼稚園でのお片付けの時間は、「Aくん、お片付け上手！」「Bちゃん、たくさん片付けて、すごいね！」など私が声かけをすると、ほめられた本人だけでなく周囲にいる子どもたちにも「お片付けスイッチ」が入り、あっという間に教室が片付きました。ところがある日、「ほめる私」が不在だと誰も片付けないという状況が起きたのです。

　本来の目的は「片付けること」であって、先生にほめられることではありません。子どもたちへのかかわり方を反省しました。それからは、片付けをせずに遊び続ける子どもたちに、「今は何をする時間？　自分が遊んだブロックをカゴに片付けてね」と諭すようにしました。すると、子どもたちはハッとした表情を見せ、片付け始めました。

　たとえ誰からもほめられなくても、主体的に片付けるようになり、それが習慣になることが子どもたちのゴールです。そのゴールに導くために、大人は必要に応じてほめたり、叱ったりする必要があります。もちろん、子育てにおいて「ほめる」ことは大事ですが、それだけをやみくもに重視する必要はありません。

◉ ほめられることも、叱られることも大事

　親や先生、近所の人から「ほめられた経験」が多かった人は、社会を生き抜く資質・能力が高いという調査結果があります。そのうち、**「厳しく叱られた経験」が多かった人は社会を生き抜く資質・能力がより高い傾向**が

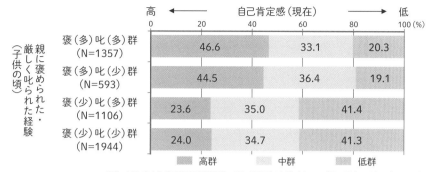

■ 親に褒められた・叱られた経験と自己肯定感の関係

	自己肯定感（現在） 高 ← → 低		
褒(多)叱(多)群 (N=1357)	46.6	33.1	20.3
褒(多)叱(少)群 (N=593)	44.5	36.4	19.1
褒(少)叱(多)群 (N=1106)	23.6	35.0	41.4
褒(少)叱(少)群 (N=1944)	24.0	34.7	41.3

親に褒められた・厳しく叱られた経験（子供の頃）

高群　中群　低群

出典：国立青少年教育振興機構「子供の頃の体験がはぐくむ力とその成果に関する調査研究」2018年

見られるという結果が出ています。つまり、**ほめられた経験と叱られた経験のどちらもある人**が、「へこたれない力」や「自己肯定感」が高いということで、決して「ほめる」ばかりを推奨する必要はなく、「叱る」ことも大切だとわかります。

　多くのママたちが、子育てにおいてほめることや叱ることを重要視するのは、母親自身がそれだけ身内や社会からの見えないプレッシャーを感じているからではないでしょうか。

　「もうこんなことができるの？　ママの教え方が上手なのね」「あなたがそうやって怒るから、子どもはできないんじゃない？」……良くも悪くも、**子どもの成長は母親のかかわり方に原因がある**とされ、家族、親戚、ママ友、社会からの期待や評価を受け取ることが多々あります。他人の目が気になりながら子育てをしている方は少なくないと感じます。

　本書で紹介するアンガーマネジメントによって自分のイライラと向き合うと、自分軸での子育てができるようになっていきます。

まとめ

- ほめられた経験と叱られた経験の両方が、自己肯定感を育む
- ママは子育てにおいて身内や社会からのプレッシャーを感じている
- アンガーマネジメントによって自分軸の子育てができる

自分を責めないで!
ママは怒っていい

◉ 叱ることは親子間の大切なコミュニケーション

　毎日の子育ての中で、つい感情的に怒っては、子どもの寝顔を見ながら「あんなに怒らなくてもよかった」「こんなに可愛い我が子を怒ってしまった」と落ち込み、自責の念に駆られることは、誰しも経験があるのではないでしょうか。

　自分を責めて後悔するのは、子どもへの愛があるから。子どもを大切に思うからこそ、上手に怒れなかった自分の未熟さを痛感し、罪悪感を覚えます。イライラを感じたのは、子どもに何かしら伝えたいメッセージがあったからです。そのイライラを、上手に表現できるようになればいいのです。

　子どもの最善の利益を守るリーダーとして、世界の52人の一人に選ばれた賀川豊彦氏は、「善いことも、悪いことも勝手で、少しも叱られることも、正されることもない子供は、決して大切にされて居る子供ではなくて、寧ろ虐待されて居る子供である」(賀川豊彦記念松沢資料館『賀川豊彦　子どもの権利論のてびき』)と述べています。親が子どもを**「叱る」のは大切にしているからであり、「叱られない」ことは大切にされていない**と説いているのです。

　「叱る」ことと「虐待」は違います。**「叱る」とは、子どもの健全な成長を願い、善悪の判断、社会のルール、しつけなどを教える機会**であり、親が子どもに真剣に向き合う家庭教育です。親が叱らないということは、子どもが学ぶ機会を失うことでもあります。一方で、報道されるような虐待の多くは、親が子どもをコントロールするためのイライラの爆発です。

　マザー・テレサは「**愛の反対は憎しみではない、無関心だ**」という言葉を残していますが、親が子どもに無関心であれば、何をされてもイライラせず、叱ることもないでしょう。叱ることは、親子間の大切なコミュニケ

ーションなのです。

◉ 後悔しない怒り方ができればいい

　日本アンガーマネジメント協会では、アンガーマネジメントという言葉を「怒りの感情で後悔しないこと」と意訳しています。怒っていることを上手に表現し、「怒って後悔」や「怒らないで後悔」をなくす。それがアンガーマネジメントです。

　親は子どもを上手に怒れなかったときほど、自分を責めて後悔します。「自分はダメな親なのではないか？」と自分でレッテルを貼り、子育てがますますつらく苦しいものになっていきます。

　自分を罪悪感で縛り続けるのは、もうやめましょう！　ママは怒っていい。**後悔しない怒り方ができればいい**だけなのです。

まとめ

- 怒って後悔するのは、子どもを愛しているからこそ
- 子どもを叱るのは、親子間の大切なコミュニケーション
- 罪悪感はいらない。後悔しない怒り方ができればいい

イライラはコントロールできる!

◉ 「楽しい子育て」に注力していたけれど……

　幼児教育に携わっていた私は、子育てにおいて親の感情コントロールが大切であることを理解していたつもりでした。だから、まさか自身の子育てで、こんなにイライラに振り回されるとは思いもしませんでした。

　当初は、自分を含めママたちがリフレッシュできるようにダンスサークルを立ち上げたり、子育て支援センターで親子で楽しめるイベントを企画したり、楽しく子育てできる場作りに注力していました。これはこれで楽しく、やってよかったと思っていますが、当時の私は「怒りは悪いもの」と認識し、自身に生じるイライラの感情を否定していました。

　「イライラはなかったことにしておきたい」「怒りは見て見ぬふり」「私の理想は『いつも笑顔のママ』だから」──そんな私が初めて「アンガーマネジメント」を知ったときは衝撃でした。「え?　怒りは悪いものではないの?」「イライラって、コントロールできるの?」と、まさに目から鱗。「これは自分だけでなく、頑張って子育てをしている他のママたちにも必要なものだ!」と強く思ったものです。

◉ アンガーマネジメントって何?

　アンガーマネジメントは、1970年代にアメリカで生まれた怒りの感情と上手に付き合うための心理トレーニングです。当初は、カウンセラーやセラピストなどの専門職に認識される程度でしたが、軽犯罪者への矯正教育プログラム、マイノリティへのカウンセリングプログラムとして発展していきました。

　2001年、アメリカ同時多発テロ事件で社会不満が広がると、アンガーマネジメントの認知は一気に加速しました。**不安感は怒りに直結しやすい**

感情のひとつだからです（ママがイライラを感じやすいのも、根底に不安感が潜んでいる場合が多いのです）。

　現在のアメリカでは、アンガーマネジメントは司法分野にも導入され、家庭内暴力や自動車の危険運転などの犯罪者に対して、保護観察や罰金とともにアンガーマネジメントの受講命令が下されることもあります。

　日本でも企業研修や教職員研修、子育て中の保護者向けの講演など、これまで累計100万人以上の方がアンガーマネジメントを受講しています（2019年3月現在）。

　アンガーマネジメントは体系立てられたメソッドなので、年齢・性別・職業などに関係なく、誰でもいつからでも始められるトレーニングです。怒りをゼロにすることはできなくても、上手に扱うことはできるのです。

まとめ

- イライラをなくそうとしなくていい
- ママの不安感は怒りにつながりやすい
- イライラはコントロールできるもの

イライラは我慢が必要？
いいえ、決めるだけ

◉ 気分によって怒る・怒らないを繰り返すと子どもが混乱

　イライラの感情で後悔しないために必要なのは、我慢することではありません。我慢が積み重なると、膨れ上がったイライラがある日ドカンと爆発してしまいます。すると、ママは子どもに必要以上にイライラをぶつけることになり、子どもは驚き、恐怖を感じ、パニックに陥ることもあるでしょう。ママも、本当にわかってもらいたいことが子どもに伝わらず、ひどく後悔する結果になります。

　繰り返しますが、**アンガーマネジメントとは「怒りの感情で後悔しないこと」**です。後悔しないためには、イライラを我慢するのではなく、自分にとって**「怒る必要のあること」**と**「怒る必要のないこと」を決めればいい**のです。

　「怒る必要あり／なし」の見極めができないと、その時の「気分」「状況」「状態」によって怒ったり、怒らなかったりするようになります。

　例えば、「部屋がおもちゃだらけで片付いていない」という状況に対して、忙しくて余裕がないときや疲れているときは必要以上に怒るのに、来客で他人の目があるときや、時間的・精神的に余裕があるときは怒らないというように、自分がイライラに振り回されてしまうのです。

　ママが気分次第で怒ったり怒らなかったりする日常を繰り返していると、子どもは混乱し、**親が子どもに「守ってほしいこと」が伝わりにくくなります**。子どもにとって、何がいけないこと（怒られること）なのかがわかりにくいからです。

◉ 「怒る必要のあること」にだけ上手に怒れば後悔しない

　子育てでは、これまで自分が遭遇したことのないような「イライラする

シーン」がやってきます。その都度「これって、怒る必要のあること？」と考えるのは、自分にとって何が許せなくて（怒る必要がある）、何が許せる（怒る必要がない）のかを意識していく作業になり、自分の感情、思考、価値観に向き合うことにもなります。

　怒る必要のあることは、子どもたちが自立するために身につけてほしい力かもしれませんし、自分を守るために気をつけてほしいことかもしれません。いずれにせよ、イライラを表現することは、**ママが大切に思っている価値観を家庭で子どもに伝えていく家庭教育**です。

　自分にとって怒る必要のあることと、怒る必要のないことが区別できるようになれば、「怒る」と決めたものにだけ上手に怒りを表現できます。その場合、怒っても後悔の念に駆られることはありません。怒る必要のないことに怒らないでいられれば、無駄に自分を責めなくてすむでしょう。

まとめ

- イライラを我慢すると、よりイライラする状況がつくられる
- 怒る必要のあることと怒る必要のないことを決めよう
- イライラの感情で後悔しないように、上手に怒りを伝えよう

なんだかんだ、子どもはママが好き

● 子どもにとって「ママ」は特別

　4月の保育園や幼稚園はどこも賑やかです。入園したばかりの子どもにとっては、今までずっと一緒にいた親から離れ、初めての集団生活。慣れない環境、親と離れる不安や悲しさ、寂しさでいっぱいな子どもたちの泣き声が園内に響き渡ります。

　子どもたちがシクシク、あるいはギャンギャン泣きながら発する言葉で最も多いのが、「ママ〜！」「お母さ〜ん！」です。**子どもにとってはママの存在がすべてであり、本当に大好きで大きな存在**であることがわかります。

　子どもたちのごっこ遊びの中にも、「お母さん役」はよく登場します。子どもは「叱る」行為も含めて、ママの言葉や表情、態度、行動などを、かなりリアルに再現します。その姿を見ていると、家庭で子どもがいかにママのことを見ているのかがわかりますし、そんなママに「憧れ」を持っているのだと感じます。

　子どものお絵かきの中にも、ママはよく登場します。たいていの場合、ママは笑顔。子どもたちは、笑顔のママが大好きで、ママにはいつも笑っていてほしいのだと思います。

　また、「いつも怒るから嫌い！」とママへの不満を漏らす子どももいます。ただそうは言っても、園庭で花やバッタを見つけたり、ピカピカの泥団子ができたり、鉄棒の逆上がりができたりしたときは、「ママに見せる！」と言って嬉しそうな顔をするのです。

　嬉しいことがあったとき、何かができるようになったとき、誰よりも一番に報告したいのはやっぱりママなのです。ママは子どもにとって、「楽しい」「嬉しい」などのさまざまな感情や時間を共有したいと思う存在であり、なんだかんだ言っても子どもはママが好きなのです。

　ママが子どもに対して「好き」と「イライラ」の両方の感情を抱くよう

に、子どももママに対して「好き」と「嫌い」のアンビバレンス（相反する）な感情を同時に持つことがあります。

　とても悲しいことですが、2020年9月の「子ども虐待による死亡事例等の検証結果等について（第16次報告）」によると、心中以外の虐待死事例の加害者は「実母」が46.3％で最も多いという結果でした。これは、子どもを養育するのが主に母親である場合が多く、母親と子どもの関係性が密接であることに由来していると考えられます。

　ママのことが好きであっても、暴力や暴言などのママの言動が好きだという子どもはいません。ママから愛されたい、怒られてもママのことが好き、そう思う子ども達のためにも、上手に怒れるママでいたいですね。ママが子どものことを思って真剣に叱れば、子どもに届きます。

まとめ

- ●ママに怒られても、子どもはママのことが大好き
- ●子どもはママの笑顔が大好き
- ●親子はお互いに相反する気持ちを同時に持つことがある

イライラは悪？
いいえ、大切な気持ちのひとつ

● イライラはなくすことのできない自然な感情

　ママがイライラするのは当たり前だし、子どもを怒ってもいい。とはいえ、多くのママからは「怒らない優しいママでいたい」「いいママでいたい（と思われたい）」といった声を聞きます。やはり、「イライラ」に対するネガティブなイメージが強いからでしょう。

　怒ることはみっともない、恥ずかしい、誰かを傷つける。そんなふうに捉えている人も少なくありませんが、**イライラは人間からなくすことのできないごく自然な感情**です。

　例えば、誰かに「絶対に喜んだらダメ！」と言われたらどうでしょう？きっと、とても彩りのないつらい毎日になるでしょう。同様に、「絶対に怒ったらダメ！」と言われることも、自分の感情を否定され、表現の自由を失うようなものです。

　誰もが、喜び、悲しみ、イライラなどを感じる自由があり、感情を否定されるものではありません。**イライラも大切な気持ちのひとつ**なのです。ですから、「こんなことでイライラする自分はおかしい」なんて思わないでください。**大事なのは感じたイライラをどう扱うか**ということです。

　イライラは目に見えるものではないため、表情や態度、言葉や行動といった表現方法によって上手に怒れるかどうかが決まります。**感情に良し悪しはありませんが、表現方法には良し悪しがある**のです。そして、表現方法は自分で選ぶことができます。

　叱ることも親子の大事なコミュニケーションのひとつですから、上手な表現方法を知り、習得していくことで、イライラに振り回されない自分になり、良好な親子関係を築くことができるでしょう。

● 子どもたちもイライラを「いけない感情」と捉えている

　イライラはさまざまな感情の中で、最もパワフルな感情です。上手に扱わないと、人間関係や信用、信頼を失い、「誰か」や「何か」を傷つけ、破壊してしまうこともあり得るエネルギーです。イライラの表現方法によっては、自分や子どもの人生に影響してしまうほどの力があります。

　子どもたちにアンガーマネジメントを教えるときに、さまざまな気持ちの表情が描かれたシートを見せて、「この中で、いけない気持ちはあると思う？」と聞くことがあります。すると、実に半数の子どもが「イライラはダメな気持ち、いけない気持ち」と答えます。かつての私がそうであったように、子どもたちも「イライラ＝いけない感情」と捉えていることが多いのです。

　大人が「イライラ」の感情や「怒ること」を否定していると、子どもは自身のイライラを封印し、表現してはいけないという思い込みを持つ場合もあります。嫌なことや許せないことがあっても我慢してしまいます。**抑圧されたイライラの感情は、思春期や青年期になってから、さまざまな問題行動として現れる**こともあります。子どもたちがイライラを適切に表現できるようにサポートしていきましょう。

まとめ

- イライラは自然な気持ち。イライラを感じるのも大切なこと
- イライラは悪ではなく、表現方法に良し悪しがある
- 自分に「怒ること」を許し、子どもにも「怒っていい」と教えよう

こっぱんさんちの
アンガーマネジメント

第2章

「イライラ」が教えてくれる 8つのサイン

私たちが日々感じるイライラには、さまざまなサインが隠れています。イライラを悪と捉えていれば我慢して抱え込んだり、忘れようと封印してしまうこともありますが、サインとしてキャッチできれば、自分を理解するための大切な感情として扱うことができます。

イライラのサイン1：
「危険」を教えてくれる

●トラブルを回避できる大事なサイン

　イライラの大事な機能のひとつが、**危険を教えてくれる**ことです。子どもが食事中に箸で遊んだり、歯ブラシを口に入れたまま走りだしたりしたときにママがイライラするのは、転んだ拍子に箸や歯ブラシが「喉に刺さるかもしれない危険」を察知しているから。ヘルメットを被らずに自転車に乗ろうとする子どもに「こらっ！」と言ってしまうのは、事故に遭うリスクを察知するからです。

　目の前に危機や脅威が迫り、「危ない！」「傷つけられる、侵害されるかもしれない！」と感じたときに、私たちはイライラの感情を抱くようになっています。そして、そのおかげで怪我や事故を回避することもできるのです。つまり、**イライラは生きていくために必要なもの**と言えるでしょう。

　普段は出せないような能力が、危険が差し迫った状況で発揮されることを「火事場の馬鹿力」と言いますが、こうした力が出るのは危険を察知できるからです。人は危険を感じる状況に遭遇すると、恐怖に反応して交感神経系の神経インパルスを発し、心拍数や血圧を上昇させて、筋肉をより速く強く動かせるような緊張状態にします。瞬時に体を動かして、危機に備えるためです。

　ママが感じるイライラも、危険を察知して警戒レベルが上がっている証拠で、イライラのサインがあるから、**自分や子どもを守ることができる**と言えます。

● 「本当の危険」と「見守ってもいい危険」

　「子どもを公園で遊ばせるだけでも、イライラしてストレスを感じるんです」と話すママがいました。子どもを公園で遊ばせるという状況に、「遊具

から落ちないか？」「不審者はいないか？」「熱中症にならないか？」など、ママの危険センサーが反応しているためだと考えられます。

　何を危険と感じるかは人によって違いますが、**自分が何に対して反応しやすいのかを知っておく**のもひとつの方法です。「自分がイライラ（危険）を感じる状況」がわかれば、「これを危険と感じているんだな」と冷静になったり、あらかじめ安心できる環境を整えることもできます。

　親がすべての危険を取り除くことはできませんし、仮にできても、まったく危険のない環境で育った子どもは、何が危険で何が安全かを体得することができないでしょう。子どもは**小さな危険を体験しながら、危険に対する感度を上げて、自分自身を守れるようになっていきます**。ママはイライラで危険サインに気がついたら、本当に危ないことはしっかりと伝えて回避させ、そうでない場合はあえて見守って子ども自身に体験させてみましょう。

もしサインに気づかなかったら？

- ●子どもの事故や怪我などのトラブルを回避できないかも
- ●子どもにとって安心で安全な環境を整えることができないかも
- ●子どもに「何が危険であるか」を教えることができないかも

イライラのサイン2：
「守りたいもの」を教えてくれる

◉ みんなそれぞれ「守りたいもの」を持っている

　イライラは防衛感情と言われ、自分の守りたいものが危険にさらされたり、脅かされたりしたときに生まれます。ですから、イライラは**自分の守りたいものを教えてくれるサイン**でもあります。

　あなたが守りたいものは何でしょうか？　自分の尊厳、価値観、アイディア、プライド、立場、空間、環境、時間、個性、思い出の品、家族……など、たくさんあると思います。「子ども」もママにとって最も守りたいと思う存在ではないでしょうか。子どもが仲間外れにされたり、嫌がらせを受けたりしたときに強いイライラを感じるのは、子どもがママにとって守りたい存在だからです。

　私たちは、自覚の有無にかかわらず、みんなそれぞれ「守りたいもの」を持っています。同じ屋根の下で暮らす家族であっても、一人ひとり守りたいものは異なります。

　例えば、ママが散らかった部屋にイライラするのは快適で清潔な空間を守りたいから、帰宅後に手洗いをしない家族にイライラするのは家族の健康を守りたいからです。

　パパが、休日にかかってきた仕事の電話にイライラするのは、家族とのプライベートの時間を守りたいから、休日の過ごし方についてママから小言を言われてイライラするのは、自分の価値観を守りたいからかもしれません。

　子どもが、ママに紙飛行機を捨てられてイライラするのは、高い完成度で作り上げた自分の技術、アイディア、プライドを守りたいのかもしれません。**それぞれの守りたいものが共同生活の中に存在し、ときに相容れないものだったりするからこそ、イライラを生じる環境ができあがります。**

◉ イライラをきっかけに「守りたいもの」を伝える

　仕事と家庭の両立を頑張るママが、こんな話をしてくれました。

　「私は断れない性格で、不満に思いながらも、何でも仕事を引き受けてしまっていたんです。気がつけば心身ともにボロボロで、子どもに八つ当たりをしていました。自分の体も心も家族も守れず、傷つけていたんですね……」

　このママは、**サインに気がつき、イライラを上手に伝えることで、自分を守ることができた**そうです。

　「嫌だ」と感じているのにイライラを押し殺すのは、自分自身を傷つける行為です。サインによって自分の守りたいものに気づいて、それを守るために上手にイライラを表現できるようになりましょう。

もしサインに気づかなかったら？

- ●自分が守りたいものに気づけないかも
- ●自分自身や本当に守りたいものを傷つけてしまうかも
- ●自分にとって「怒る必要のあること」に気づけないかも

イライラのサイン3：
「大切なもの」を教えてくれる

◉ イライラの強度は大切に思う度合いに比例する

　イライラが教えてくれる「守りたいもの」は、すなわち「自分にとって大切なもの」です。だから、イライラは**大切なものを教えてくれるサイン**とも言えます。

　自分にとって価値があり、大切と感じるものであればあるほど、傷つけられたり、脅かされたり、失いそうになると強いイライラが現れます。どうでもいいものであれば、イライラしたりしません。

　イライラの強度は、自分が大切に思う度合いに比例します。

　例えば、1個数百円のママのハンドクリームを子どもが勝手に使ったとしても、目くじらを立てることはないかもしれません。では、数万円もする高級クリームをごっそり使われたらどうでしょう。強いイライラを覚えるママは、けっこういるのではないでしょうか。これは、ママにとって高級クリームが貴重なもので、大事に使っているものだからです。

　サインに気がつけば、自分にとって大切に思うものが見えてきます。すると、子どもに壊されたくない、触らせたくない大切なものは、彼らの手の届かない場所に置くといった対処ができます。

◉ イライラが教えてくれる大切な存在とは？

　何を大切に思うかは人それぞれです。親にはゴミのように見えた紙くずでも、子どもにとって大切な作品であれば、捨てられたときのイライラは相当なものです。また、「何事も諦めずに挑戦することが大事」という価値観を持つママは、子どもが何気なく言った「どうせ僕にはできない」という言葉に苛立つかもしれません。

　イライラを感じたら、その都度、「何を大切に思ったのか？」を考えてみ

ましょう。「子どもの将来」を大切に思って怒ったつもりだったけれど、実は「子どもに『こうなってほしい』という自分の理想像」や「自分が安心を得るため」だったと気づくこともあるでしょう。

　「自分が大切なものは、家族にとっても同じように大切に違いない」「家族だから、自分が大切にしていることを理解してくれるはず」という思い込みを持っていることも多いため、わかってもらえなくてイライラすることもあります。

　人それぞれ大切に思うことは違い、相手に押し付けられるものでもありません。子どもが作品を大事に思うのと同様に、ママにとっては綺麗に片付けられた部屋が大事だし、子どもが自分の意思や時間を大切にしたい一方で、ママは自分の理想や世間体を大切にしたいときもあるでしょう。

　イライラのサインをキャッチできたら、「その大切なものは守る必要があるのか」「どうしても譲れないものなのか」を考えてみましょう。本当はイライラする必要がないことかもしれませんし、お互いを尊重したよい解決策を考えることができるかもしれません。

もしサインに気づかなかったら？

- ●自分にとっての「大切な存在」に気づけないかも
- ●大切なものを守ることができないかも
- ●相手が「大切にしている存在」を理解することができないかも

「自分の価値観」に気づかせてくれる

◉ 「べき」から外れるとイライラする

　ママをイライラさせる正体とは何でしょうか。言うことを聞かない子どもでしょうか、それとも子どもが片付けをしないといった出来事でしょうか、子育てをしている状況や環境でしょうか。実はすべて違います。イライラの本当の正体は、自分の内側にある「べき」なのです。

　「～するべき」「こうあるべき」という、自分が「当たり前」「常識」と思っていた**価値観の辞書**のようなものは、誰にでもあります。そして、自分が当たり前だと思う価値観に反するようなことが起きると、イライラが生まれます。

　「子どもは親の言うことを聞くべき」と思っているから、言うことを聞かないと腹が立ちます。「部屋を綺麗に片付けるべき」と思っているから、片付いていないと憤りを感じます。イライラは**自分の価値観**に気づかせてくれるサインなのです。

◉ 育った環境で価値観がつくられる

　この「べき」という価値観は、多くは育った環境で形成されます。大人になるまでに過ごしてきた家庭、学校、地域、職場、社会活動などで長年かけて培われてきたものです。

　食事ひとつをとっても、さまざまな価値観があります。「ご飯は一日３食とるべき」「残さず食べるべき」「お箸は正しく持つべき」のような、どこの家庭にもありそうな一般的な価値観から、「白米ではなく玄米にするべき」「有機野菜を使うべき」など家庭によって変わるであろう、こだわりに近い「べき」もあります。

　価値観は、何が正解／不正解で、何が良い／悪いということではありま

せん。たとえ他の人から不毛と思われるような「べき」でも、自分にとっては大切な「べき」なのです。

　イライラの感情と上手に付き合うためには、**自分の価値観を知る必要があります**。その価値観を大切にするあまり自分や家族がイライラに振り回されているのであれば、**見直したほうがいい価値観**かもしれません。

　自分が「こうあるべき」と思い込んでいたのは、もしかしたら親やママ友や社会が求めている「べき」に影響を受けていただけかもしれません。他人の価値観を参考にするのは悪いことではありませんが、自分の価値観を大切にしましょう。だって、子どもはあなたの親やママ友の子どもではなく、あなたの子どもなのですから。

　子育てを通して感じるイライラは、自分の価値観を改めて振り返る機会になります。

もしサインに気づかなかったら?

- 自分が当たり前だと思っている価値観に気づけないかも
- 自分のイライラの原因になっている価値観に気づけないかも
- 自分ではない誰かの価値観に従って、子育てをしているかも

イライラのサイン5：
「自分の本当の気持ち」を教えてくれる

◉ イライラの裏には「本当の気持ち」が隠れている

　「イライラ」はいつも突然現れるように感じますが、実はそうではありません。その裏側には「悲しい」「不安」「困惑」「後悔」などのマイナスな感情が隠れています。自らの「べき」に反することがあると、その一端がイライラとなって現れるのです。

　イライラはとてもパワフルな感情なので、その根底にあるマイナス感情に気づきにくくなります。何らかのマイナス感情が形を変えて出現したものだとわかっていれば、イライラを感じたときに「その裏に隠れた自分のマイナス感情は何だろう？」と考えることができます。

　イライラは「マイナス感情」、つまり自分が理解してほしいと思っている「自分の本当の気持ち」に気づくきっかけとなるのです。

◉ イライラをぶつけるだけでは「本当の気持ち」が伝わらない

　自分の本当の気持ちに気づけないと、不安・不満・残念などの感情を、すべて「イライラ」として相手にぶつけることになります。

　例えば、ママが自分の本当の気持ちに気づけずに、イライラを子どもにぶつけてしまうと、子どもは驚いたり、傷ついたり、悲しんだりします。子ども自身もまたその気持ち（驚き、傷つき、悲しみ）に気づけずにイライラが先立つと、「黙る」「泣く」「癇癪」「反抗」といった態度で返すことになります。その態度にママはますますイライラ……という具合に、相手からのイライラをイライラで返す負のスパイラルに陥ってしまいます。

　イライラを感じたら、その裏にある自分のマイナス感情に目を向けてみましょう。ご飯を食べない子どもへのイライラには「心配」や「不安」、スーパーで「買って！」とねだる子どもへのイライラには「恥ずかしさ」や

「困った」、友達に嫌がらせをされても子どもが言い返さない状況へのイライラには「悲しい」や「残念」といった気持ちが隠れていないでしょうか。

　その感情に気づけたら、「ママはあなたを心配している」「ママはとても困っている」と伝えることができ、感情的に怒鳴らなくてすむ場合も多いはずです。

　日頃から親の気持ちを言葉で伝えていくと、子どもは「何をしたら親が悲しむのか、困るのか、嫌なのか」を想像できるようになります。また、**親がイライラではなく本当の気持ちを具体的に伝えていくことで、子どもも同じように自分の気持ちを伝えることを覚えていきます。**

もしサインに気づかなかったら?

● マイナスな感情をいつも「イライラ」でぶつけてしまうかも
● ママの本当の気持ちが子どもに伝わっていないかも
● 子どもも、イライラの感情だけで表現するようになるかも

イライラのサイン6：
「自分の理想」を教えてくれる

● 理想を持つのはOK、理想を押し付けるのはNG

　親は子どもの幸せを願うあまり、たくさんの理想を持つことがあります。妊娠中は「元気に生まれてきてくれるだけでいい」と思っていても、子どもの成長とともにさまざまな「理想」や「期待」が湧いてきます。

　友達がたくさんいて、人の気持ちがわかる優しい子。勉強やスポーツができて、ピアノや絵も上手だといいな。目の前の子どもからかけ離れた高い理想を持ったり、その理想が「こうあるべき」と強固なものに変わると、現実とのギャップに苛立ちます。

　シャイでなかなか挨拶できない子どもの姿にイラッとするのは、「元気に明るく挨拶する子ども」を理想像に描いているから。体を動かす遊びが嫌いで、家でお絵かきばかりしている息子に不満を感じるのは、「男の子はたくましくあってほしい」という理想があるから。「こうあってほしい」という理想が、いつの間にかイライラの原因となっています。

　期待を寄せることは悪いことではありません。ですが、自分の理想を子どもに押し付け、その状態になるようにコントロールするのは健全とは言えません。

　親が「子どもに野球をやってほしい」という理想を持つのはかまいませんが、サッカーをやりたがっている子どもを無理やり野球チームに入れたりすると、「理想の押し付け」となります。**親の理想（なってほしい姿）と子どもの理想は、必ずしもイコールではない**のです。子どもが望まぬ理想や、子どもの現状とかけ離れた理想を押し付ければ、親はイライラのループにはまるだけでなく、ときに子どもを追い詰めてしまうことにもなります。

◉ 理想の描き直しで楽になる

　もし、イライラしたら「私はこんな理想を持っているんだ」と客観視しましょう。そして、自分の理想が「今の子ども」とかけ離れたものなら、**「少し頑張れば届く理想」に描き直す**ことをおすすめします。「声は小さくても挨拶できればOK」「野球チームに入らなくても、休日の公園でキャッチボールができればいい」と、理想を再設定することで親のイライラが減り、子どもも挨拶する心地よさに気づいたり、キャッチボールで野球の楽しさを知るかもしれません。

　サインで自分の理想に気がつけば、自分も子どももイライラしない対処を考えることができます。

もしサインに気づかなかったら?

● 自分の思い描く理想を子どもに押し付けていたかも

● 理想を追い求め、イライラのループにはまっていたかも

●「今の子ども」を認めず、「理想の子ども」を求めてしまうかも

イライラのサイン7:
「自分の欲求」を教えてくれる

❀ 相手を責める前に「どうしてほしかったか?」を自問する

　「本当はこうしてほしかった」という**自分の欲求や要望が叶わなかったとき**にも、イライラは生まれます。

　朝の支度をせずにダラダラと遊んでいる子どもの姿にイライラするのは、「起きたらすぐに顔を洗って着替えてほしかった」という欲求があります。子どもが学校からの手紙を渡さなかったことにイライラするのは、「親に言われなくても、自分から手紙を渡してほしかった」という欲求が隠れています。

　自分の思い通りにいかないときに現れるイライラのサインは、「満たされていない欲求」を教えてくれます。「自分は子どもにどうしてほしかったのか?」「自分はどうしたかったのか?」という欲求に気がつけば、イライラにとらわれず、感情的に怒ることもなく、子どもにリクエストとして伝えることができます。

　イライラを感じたときには、**「どうしたい?」と自分に問いかけてみましょう**。帰宅後に子どもが手洗いをせずにおやつを食べてイラッとしたら、「汚い!　なんで洗わないの?」と責める前に、「子どもにどうしてほしかった?」と自分自身に問いかけます。「手を洗ってからおやつを食べてほしい」というリクエストに気がつけば、「手を洗ってから、おやつを食べようね」と子どもに伝えることができます。

❀ 子どもに「どうしてほしかった?」「どうしたい?」と聞いてみる

　子どもは、泣いたり騒いだりすることで不快な感情を表現する場合があります。そんなときも、子どもに**「どうしたかったの?」と聞いてみましょう**。この問いかけによって子どもは、例えば「おもちゃを返してほしい」

という自身の欲求に気づくことができます。そして、ママが「おもちゃを返してほしかったのね」と言葉にして受け止めることで、子どもは「わかってもらえた」という安心感を得ます。

子どものイライラには、「親がどうしたいか」ではなく「子どもが何を求めているのか」に目を向けてサポートするのがポイントです。上記のような場面で、親が「おもちゃぐらい貸してあげなさい！」と言えば、子どもは「自分が我慢してでも相手を優先しなければいけない」と捉えるかもしれません。

また、親が「うちの子のおもちゃだから取らないで」と友達からおもちゃを取り返せば、「自分のものは貸さなくていいし、強引に取り返してもいい」と受け止めるかもしれません。

あくまでも子どもが「自分の欲求」に気づくような聞き方をして、「私のだから返してほしい」と自ら友達に伝えられるようにしていきます。

もしサインに気づかなかったら?

- ●感情的に怒って子どもを責めてしまうかも
- ●自分が相手に求めていることが正確に伝わらないかも
- ●上手に叱ることができないかも

イライラのサイン8：
自分を成長させてくれる

◉ イライラで自分の進むべき道がわかる

　イライラは、**自分を成長させてくれるサイン**でもあります。なぜなら、ここまで述べたようにイライラが発するさまざまなサインに気づけるようになれば、自分の価値観や大切にしたいこと、思い描く理想など、「自分自身」を深く理解できるようになるからです。

　それは、ポジティブな感情以上に強力なメッセージとなり、自分を突き動かす原動力になります。自分がどこへ向かえばいいのかを示す、まるで羅針盤のような働きをしてくれる感情なのです。

　イライラは上手に扱えないと、怒りの矛先を向けた他人や物、ときには自分自身を破壊してしまうこともあります。イライラのサインに気がついて建設的に生かせたら、自分を成長させることができるのです。

◉ 子どもも大人も成長したがっている

　日頃、子どもたちに接していると、「子どもは成長したがっている」と実感することが多々あります。誰の手も借りずに一人で着替えたいのに、うまくいかなくて癇癪を起こす子どもや、試合に負けて悔しくて涙する子どもの姿を見ていると、「一人でできるようになりたい」「試合で勝てる力をつけたい」という彼らの強い思いを感じます。

　大人も同じではないでしょうか。子どもにイライラをぶつけてしまった自分に落ち込むのは、「イライラをコントロールできる自分になりたい」「上手に叱れるようになりたい」「自分がイメージする理想のママになりたい」という思いがあるから。そして、その根底には「親として、人として成長したい」という欲求があるのです。そう思えることは、とても素敵なことだと思いませんか？

　アンガーマネジメントのセッションに参加されたママから、こんなご報告をいただいたことがあります。

　「私が夫の発言にイライラしていたのは、『自分も働きたい』という思いがあったからだと気がついたんです。夫は反対しましたが、実際に仕事を始めたら自分が満たされて、ご機嫌な時間が増えました」

　「子どもに勉強を強要していたのは、私自身が進学できなかったからで、自分の夢を子どもに託そうとしていたのかもしれません。『本当は自分も大学に行きたかったんだ』と思い出し、通信制大学に入りました」

　イライラのサインに向き合った結果、子どもを成長させることよりも、「自分を成長させたい思い」に気づいた方もいらっしゃいます。イライラのサインをどう受け取るか？　生かすも殺すも、それはあなた次第です。

もしサインに気づかなかったら？

- イライラを破壊的なパワーとして使ってしまうかも
- 自分を成長させる機会を見逃してしまうかも
- イライラを誰かや何かのせいにしてしまうかも

こつばんさんちの アンガーマネジメント

第3章

上手に怒るための
5つのステップ

ママはイライラしてもいいし、怒ってもいい。第
3章では、「怒る必要のあること」と「怒る必要の
ないこと」を見極め、上手に怒れるママになるた
めの、アンガーマネジメントの基本的な考え方を
5つのステップで学びます。

怒るときに守ってほしい3つのルール

　上手に怒るためにはルールが必要です。一人ひとりが尊重され、みんなが気持ちよく過ごすために必要な約束事です。イライラしたときは、次の3つのルールを守った上で怒るようにしましょう。

やり方とポイント

❶ 自分を傷つけない

❷ 人を傷つけない

❸ 物を壊さない

イライラしてもこの3つのルールを守って表現できれば、お互いに尊重・信頼する関係が築ける。

◉ 何も傷つけずに怒れたら後悔しない

　何でも自分のせいだと考える、傷つけられたと自覚しているのに我慢してしまう、本当は嫌なのに受け入れてしまう――これは自分自身を傷つけている状態です。本当は怒る必要があるのに、上手に怒ることができていない。こうした状態が続いてエスカレートすると、必要以上に自分を責めてしまったり、暴飲暴食に走ったり、自分の体を傷つけてしまうことにもつながります。**上手に怒ることは、自分を守ることでもある**のです。

　また、人を傷つけないように怒ることも大事です。叩く、蹴るなどの身体的な暴力、「マヌケ」「クズ」などの自尊心を傷つける言葉、無視や大声で脅す態度、過剰な要求、きょうだい間の著しい差別、子どもの目の前で行われる夫婦間暴力――このような言動は、子どもを心理的に追い詰め、恐怖心を与え、傷つけます。**子どもは親の顔色ばかりをうかがうようになり、自分で考えて発言・判断・行動することができなくなってしまいます。**

　そして、洋服を破く、ゴミ箱を蹴る、壁や襖を殴って穴を開けるなどの物を壊す行為、つまり八つ当たりもしないようにします。物を壊さないまでも、わざと音を立てて食器洗いや片付けをしたり、ドアを勢いよく閉めたりする人は多いでしょう。物に当たると一瞬スッキリしたように感じるかもしれませんが、次第に行為がエスカレートしていきます。そもそも、**物を壊しても問題解決にはなりません**し、その様子を見た人に恐怖や不快な感情を与えます。

　怒りにまかせて自分や他人、物を傷つけてしまうと、結果的に自分が後悔することになります。左記の３つのルールを忘れないようにしましょう。

まとめ

- 怒るときは自分や他の人を傷つけたり、物を壊したりしない
- 人や物に当たる行為は徐々にエスカレートする
- 上手に怒ることで自分自身を傷つけずにすむ

上手な怒り方にはコツがある

怒り方のコツって何？

　上手に怒るために、①衝動のコントロール、②思考のコントロール、③行動のコントロール、④伝え方の４つについて理解しましょう。①はすぐに実践できますが、②〜④は習得に少し時間がかかります。

やり方とポイント

❶衝動のコントロール ➡ステップ1（P50）

カーッとなったときに反射的にイライラをぶつけて後悔しないために衝動をコントロールする方法。

❷思考のコントロール ➡ステップ2（P52）、ステップ3（P54）

「怒る必要のあること」「怒る必要のないこと」を区別できるようになり、イライラしにくい考え方をつくるコントロール方法。

❸行動のコントロール ➡ステップ4（P56）

怒る必要のあることに対して、適切な行動を選べるようになるコントロール方法。

❹伝え方を身につける ➡ステップ5（P58）

相手を傷つけずに、「怒っていること」を上手に表現するための伝え方を身につける。

> アンガーマネジメントは技術。衝動・思考・行動のコントロールと伝え方の４つを磨けば、誰でも上手に怒れるママに！

● イライラは自分でコントロールできる!

　まず取り組むのが、①**衝動のコントロール**です。カーッとなったときにどのように対処するかということです。衝動のコントロールができていないと、イライラを衝動的にぶつけてしまうため、たいてい後で後悔します。子どもに理解してほしいことが伝わっておらず、上手に怒れていない状態です。

　逆に、衝動のコントロールができれば、冷静に判断したり、適切な行動や表現方法を選択することができます。怒りまかせな言動を後で悔んだり、自分を責めたり、同じことで何度も子どもを怒る必要もなくなります。

　①ができるようになってきたら、②**思考のコントロール**を身につけましょう。イライラに振り回されてしまうのは、ママにとって「許せないこと」と「許せること」の線引きが曖昧だからです。線引きを明確にして「怒る必要のあること・ないこと」を区別できれば、自分の機嫌や体調でイライラに振り回されることがなくなります。

　②を身につけたら、次は③**行動のコントロール**です。これは、イライラを衝動的にぶつけるのではなく、**怒る必要があることに対して自分がどう対処するかを具体的に考えて行動する**ということです。そして、とるべき行動が明確になったら、その意図が相手に正しく伝わるように④**伝え方**を身につけます。

　ママが上手に怒ることができたら、子どもも自分が守らなければいけないルールを知ることができますし、納得がいかない場合でも癇癪を起こすのではなく、ママに気持ちを伝えるという行動がとれるようになります。

まとめ

● まずは衝動のコントロールから始めよう

● 思考を整理して行動を決めよう

● 上手に怒れたら、子どもに正しく意図を伝えられる

上手に怒るためのステップ1：
イラッとしたら6秒待つ

　怒りを衝動的にぶつけることを防ぐためです。イライラは湧き上がる瞬間が一番強い状態ですが、それがずっと続くわけではありません。どんなに強いイライラでも、6秒間待つことで理性が介入し、クールダウンするといわれています。

やり方とポイント

- イラッとしたら反射的な言動（言葉や態度）をしないで6秒間待つ
- 6秒間待てるように、第4章の「6秒マジック」に取り組む

6秒やり過ごすことができれば、落ち着きを取り戻し、理性的な判断や行動がとれるようになる。

◉ 「6秒待つ」をまずは1か月続けてみよう

「イラッとしても反射的な言動をしない」と決めて、実行してください。残念ながら、頭で理解していたとしても実践しなければ身につきません。とくに身近な子どもに対しては、イラッとしたらつい反射的に強い口調で怒ってしまうものです。

まずは1か月、反射的に怒りをぶつけないように6秒待つことを試してみましょう。私自身、アンガーマネジメントに初めて取り組んだときは、「1か月間は反射しないように6秒待ってみる」と心に決めました。すると、それまで反射的に怒っていたことのほとんどが、とくに怒る必要がなかったことだと気づいたのです。

また、それまでは反射的に怒ることが習慣になっていましたが、1か月間意識し続けたことで、**反射しないことが習慣**になりました。冷静に考える癖がつき、それまでいかに自分がイライラに振り回されて、本来やるべきことに手がつかなかったり、無駄に気力や体力を消耗していたのかがわかりました。

このように「6秒待つ」が習慣化されると、「これは本当に怒る必要のあること？」「自分はどう行動すればいいのか？」「子どもにどう伝えればいいのか？」など、冷静にイライラを整理できるようになります。その手応えが感じられると、アンガーマネジメントに取り組むのが楽しくなります。

次の第4章では、「6秒マジック」として6秒待つための方法を色々と紹介しています。自分に合う方法を選んでやってみましょう。

まとめ

- イライラしても反射をしないと心に決めよう
- 反射的な言動をしないように6秒間待とう
- 「6秒待つ」を1か月間続けると、反射しないことが習慣になる

上手に怒るためのステップ2：
「怒る・怒らない」を決める

なぜ決める必要があるの？

　怒りの正体である、自分の中の「べき」の境界線を見極めると、イライラに振り回されなくなります。しつけでも一貫性が保たれるので、「やってもいいこと・ダメなこと」「守るべきルール」などが、子どもにわかりやすく伝わります。

やり方とポイント

❶イライラしたら6秒間待って、下のような三重丸を思い描く
❷そのイライラが三重丸のどの位置にあるかを考える

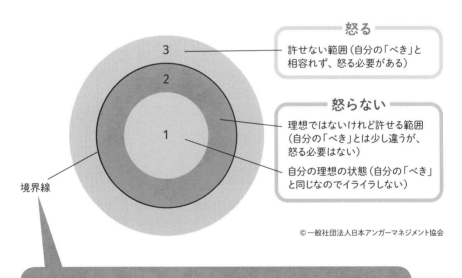

怒る
許せない範囲（自分の「べき」と相容れず、怒る必要がある）

怒らない
理想ではないけれど許せる範囲（自分の「べき」とは少し違うが、怒る必要はない）

自分の理想の状態（自分の「べき」と同じなのでイライラしない）

境界線

© 一般社団法人日本アンガーマネジメント協会

　2か3かを見極める。判断基準は「後悔するかどうか」。怒って後悔するようなことであれば2に、怒らず後悔することであれば3に入る。

◉ 「べき」の境界線がわかれば、「機嫌」に振り回されない

ママがイライラに振り回されるのは、<u>「許せる・許せない」の境界線が自分でもわかっていない</u>からです。

例えば、部屋を散らかして片付けない子どもに対して、ある日は「まぁいいか」と流せたのに、別の日は「何でこんなに散らかっているの！」と怒ってしまったということはありませんか。

これは、「子どもが部屋を片付けないこと」について、ママの中で「許せる・許せない」の境界線がはっきりしていないから。疲労や寝不足などによる体調や、そのときの機嫌に、怒りが左右されているのです。同じ状況に対して、怒られたり怒られなかったりすると、子どもは混乱して、どうすればいいのかわからなくなってしまいます。

この<u>境界線を意識するようになると、「本当に怒る必要のあること」はそれほど多くないことに気づきます</u>。部屋が散らかっているのは嫌だけど、絵本が片付いていない程度なら許せる。ぬいぐるみが床に転がっているのは困るけど、踏んでも痛くないから許せる。でも、ブロックなど踏んだら痛いおもちゃが夜になっても片付いていないのは許せない。こんなふうに境界線がわかれば、「許せない」状況のときは必ず怒りますが、それ以外の状況では怒らずにすみます。

また、自分の境界線を知らないでいると、本当は許せないことだったのに許してしまう場合もあります。怒らずにいたことで、やめてほしい行動がエスカレートし、何でも子どもの要求通りという状況にもなりかねません。怒る必要のあることは上手に伝えて、あなたの大切なものを守りましょう。

まとめ

- 6秒待てたら、「怒るべきことかどうか」を考えよう
- 「怒る・怒らない」の判断基準は後悔するかどうか
- 「怒る・怒らない」の境界線がわかると怒る機会が減る

心の器を広げて怒りにくい考え方を身につける

どうすれば心の器が広がるの？

　まずは、イライラの三重丸の２「理想ではないけれど許せる範囲」（P52）を広げていきましょう。そして、いつでも同じルールで怒れるように境界線を一定にします。「ママは何が許せないのか」を子どもにわかるように伝えていきましょう。

やり方とポイント

❶「まぁ許せる」の範囲を広げる

イラッとしても、なるべく「理想ではないけれど許せる範囲」にできないか考える。「せめて」この程度なら許せるという範囲を考える。

❷境界線を一定にする

境界線が機嫌でぶれないように、いつでも同じルールで怒るようにする。

❸境界線を子どもに伝える

三重丸の１・２・３の境界線を具体的な言葉で子どもに伝えていく。

ママが上機嫌なときでも怒ることなど、どんな状況でも怒ることなら「許せない範囲」に入る。

◉ 「理想」を見直して境界線を広げ、一定にする

　理想を持つのは悪いことではありませんが、それが現状とかけ離れたものであれば、イライラが繰り返されてしまいます。理想をちょっと見直して、**「理想ではないけれど許せる範囲」を広げて**みましょう。許せる範囲を広げることは、心の器を広げることでもあります。

　例えば、朝、なかなか起きない子どもにイライラするというケース。イライラの正体である「朝はちゃんと起きるべき」というママの価値観を三重丸で考えてみましょう。理想（1）は「親が起こさなくても自分で7時までには起きる」ですが、まぁ許せる（2）の範囲を広げてみます。**「せめて」「少なくとも」「最低限」というキーワードを使う**のがコツです。「せめて自宅を出る15分前までに起きればOK」「朝食の時間がとれなくても、最低限おにぎりを食べられたらOK」など、ギリギリ許せる範囲を考えていきましょう。

　そして、実際に2の範囲に入る状況のときは、たとえママの機嫌が悪くても怒らないようにして境界線を一定にします。さらに、ママの境界線を、子どもにもわかるように具体的に伝えていきましょう。「どこまではOKで、どこからがNG」というママの境界線がわからないと、子どももルールを守りにくいからです。

　「ママは7時までに自分で起きてほしいの（1）。それが無理なら、せめて出かける15分前には起きてね（2）」「朝、時間がなくても、おにぎりだけは食べていきなさいよ（2）」「出かける15分前を過ぎても起きていなかったら怒るよ！（3）」「朝食を食べずに学校に行くのはダメよ（3）」——このように具体的な言葉でママの三重丸の境界線を、叱るときはもちろん日頃から示していきます。

まとめ

- ●三重丸の「まぁ許せる」の範囲を広げる努力をしよう
- ●機嫌でぶれないように境界線を一定にしよう
- ●ママの境界線を具体的に言葉で伝えていこう

上手に怒るためのステップ4：
怒る必要のあるときは行動を決める

　「なぜできないの？」と子どもに原因を求めたり、「言うことを聞いてくれたらいいのに」と願うだけでは、状況は変わりません。自分の行動を決めることで、イライラする状況を変えていけるようになります。

やり方とポイント

❶ P52の三重丸の「許せない範囲」に入ったものを、次の4つに整理する

	変えられる	変えられない
重要	**1** 変えられる／重要 「いつまでに」「どの程度」状況が変われば気がすむかを考えて、すぐに行動	**3** 変えられない／重要 「変えられない」事実を受け入れて、他の方法を探す
重要でない	**2** 変えられる／重要でない 余裕があるときに取り組む	**4** 変えられない／重要でない 放っておく、かかわらない、気にしない

❷ 整理したら、その後の行動を決める

> 整理するときは、ママにとっても子どもにとっても「長期的」で「健康的」であるかで判断する。「自分の期待を一方的に押し付けていないか」「子どもに求めるハードルが高すぎないか」を考えてみよう。

● 行動を決めるために４つの箱に整理しよう

「怒る必要のあること」と判断した場合も、すぐに怒りをあらわにするのではなく、どんな行動をとるかを決めます。まず、イライラしている状況は、**「変えられる／変えられない」「重要／重要でない」の軸で考え、４つの箱に整理**してください。

例えば、「子どもが学校からの大事な手紙を出さなかったせいで、保護者会に参加できなかった」ことにイライラしたとします。重要度が高く、変える必要のある問題（ 1 ）ですから、すぐに行動を起こす必要があります。「今の学年のうちに、学校からの手紙を出す習慣を身につけてほしい。そのために、子どもの就寝前に手紙を出すように声をかけよう」というように状況を変える行動を決めて実行します。声かけによって手紙を出す習慣が身につけば、イライラを減らせます。

変えられるけど重要ではないこと（ 2 ）は、今すぐに取り組まなくてもかまいません。リビングにおもちゃが散らかっていても、「来客の予定もないから、時間ができたときに片付けさせよう」と行動を決めればイライラしません。

また、子どもの性格や体質などは「変えられない」ことです。

例えば、食物アレルギーがあるのに、お友達の家で色々なおやつを食べてしまうことへのイライラ。ときに命にかかわることもある重要な問題ですから、子ども自身に注意喚起をするとともに、「お友達の家に行くときは、食べられるおやつや、食べてはいけないもののリストを持たせる」など他の方法を探します。

「重要でない」ことであれば、気にしないことです。放っておく、かかわらないという選択をすることで、イライラを手放していきましょう。

まとめ

- 怒る必要のあることは４つの箱に整理しよう
- 親子双方がハッピーになれる視点で整理する
- 一時的な解決ではなく長期的な視点で整理する

上手に怒るためのステップ5：
伝え方を身につける

　上手に怒るには、人や自分や物を傷つけずに、ママの「本当は〇〇してほしかった」というリクエストや本当の気持ちを伝えます。「私」を主語にして、子どもに「次からはどうしてほしいか」を簡潔に伝えましょう。

やり方とポイント

● ママのイライラには、どんな「リクエスト」があったのかを考える
● ママのイライラには、どんな「気持ち」があったのかを考える
●「相手」ではなく「私」を主語にして穏当な表現で伝える

「上手に怒る」とは、人や物に当たらずに怒っていることを上手に表現できるということです。本書では、「叱る」「注意」「指摘」「アドバイス」「助言」などをまとめて「上手に怒る」と定義しています。

◉ 「自分のリクエスト」に気づけば上手に怒ることができる

　イライラをコントロールできるようになったら、最後のステップ「上手に怒りを伝える方法」を身につけましょう。

　イライラしていると、つい責める口調になってしまいます。子どもは、「責められた」と感じると防衛本能が働いて、言い訳をしたくなったり、逃げたくなったりします。すると、「言い訳しないの！　悪いのはあなたでしょ！」とますます追及してしまうという悪循環が生じます。

　上手に怒る（叱る）ために、ママは自分自身に「本当はどうしてほしかった？」と問いかけてみましょう。そして、「私」を主語にしたメッセージで伝えます。

　例えば、「何でこんなに散らかっているの！」ではなく、「ママは、あなたに6時までに片付けてほしい」というリクエストを子どもに正確に伝えるのが上手な叱り方です。「ちゃんと」「しっかり」など、人によって基準が変わる言葉ではなく、「床の上のおもちゃを全部カゴに入れてね」と具体的に伝えるようにします。また、「片付いていないとママは悲しい」とママのイライラの裏にある本当の気持ちも伝えてください。

　上手に怒るために、次のことも意識してみましょう。まず、**その都度、その場で叱る**ことが大事です。時間がたってから過去のことを叱っても、子どもは覚えていない場合が多いですし、話しているうちに論点がずれやすくなるからです。また、叱るのは子どもの「行動」と「態度」だけにします。性格や容姿など、変えられないものを指摘してはいけません。きょうだいや友達と比較するのもやめましょう。比較されると子どもの反発心を刺激してしまいますし、すぐに他人と比較する癖がついてしまいます。

まとめ

● ママのリクエストと本当の気持ちを伝えよう

● ママ（私）を主語にして穏やかに伝えよう

● その都度、その場で、その子の行動や態度を叱ろう

すぐに効くマジックと、
じわじわ効いてくるマジック

　次の章からは、日常生活の中で取り組めるアンガーマネジメントの手法を具体的に紹介していきます。アンガーマネジメントの手法には、イライラを感じた瞬間に実行するものと、毎日繰り返し取り組んでイライラしにくい考え方を身につけるものがあります。前者を「対症療法」、後者を「体質改善」とイメージするとわかりやすいでしょう。

　第4章で紹介するのは、対症療法のほうです。怒りの感情は暴走しやすく、イラッとした瞬間に反射的に子どもを怒鳴ったり、一方的に責めたりしてしまいます。しかし、人の怒りは、6秒間やり過ごすと理性が働き、クールダウンさせることができます。

　その6秒間を待つための色々な方法を「6秒マジック」として紹介します。どれも簡単なものばかりなので、自分に合ったマジックを選んでやってみましょう。

　6秒マジックを実践するだけで、誰でもイライラに反射しない習慣を作ることができます。ママが子どもを怒る頻度も確実に減っていきます。毎日の生活の中で親子一緒にできるものばかりですが、まずはママが子どもの前でやって見せましょう。子どもたちは、大人のやることに興味を持ちます。ママが楽しそうに6秒マジックに取り組んで、笑顔に変わっていく姿に影響を受けて、「やってみたい！」と思うはず。6秒マジックでご機嫌親子を目指しましょう。

　第5章では、毎日少しずつ取り組んでほしい「心広げるマジック」を紹介します。6秒マジックと違い、こちらは長期的な取り組みです。

　私たちの内側に生まれる感情は、長年培った思考や習慣化された

行動に影響を受けています。そのため、自分の考え方や行動を変えることで、「怒りにくい自分」をつくることができます。

　私はこれを「道」の世界と同じようなものと捉えています。例えば、茶道・華道・書道などは、始めてすぐに身につくものではなく、また、どんなに極めても終わりがありません。長い時間をかけて練習し続けることで、着実に上達・成長し、意識しなくてもできるようになっていくものです。

　アンガーマネジメントも時間をかけて取り組んでいけば、少しずつ自分の器が広がって、子どもの言動に寛容になれたり、自分を受容できたり、イライラする状況を変えられたり、さまざまな変化を感じ取ることができます。心広げるマジックに取り組んで、怒りんぼママを卒業しましょう。

　こちらも親子で一緒に取り組めば、ママは子どものことが、子どもはママのことが、よくわかるようになります。

　最後の第6章では、実際にご相談を受けたママのお悩みを例に、本書で紹介したアンガーマネジメントの活用法を解説しています。ママや子どものイライラ、日常でよく起きるイライラの場面をどう乗り切るか？——多くのママに共通するお悩みですよね。

　それぞれのイライラシチュエーションに対応するスキル（マジック）を紹介していますので、アンガーマネジメントを日常生活で実践する際の参考にしてみてください。

　なお、お悩みケースに対して2〜3のスキルを紹介していますが、その方法でないと解決できないということではありません。それら以外の6秒マジックや心広げるマジックなど、さまざまな方法でアプローチしてみてください。

第4章

今すぐできる！
「イライラを落ち着かせる」
マジック

この章では、イライラに振り回されないために取り組んでもらいたい6秒マジックを紹介します。イラッとしたその場で気持ちを落ち着かせる対処術で、どれもすぐにできるものばかり。毎日の子育ての中で、親子一緒に実践してみてください。

6秒マジック1：
頭ストップ作戦

◉ イライラしたときの頭の中はごちゃごちゃ

　イライラを感じたときや子どもを感情的に怒っているときは、頭の中が暴走している状態。「この子は何で、こんなことをしたの？」「前にも注意したのに……」「私のかかわり方がいけなかったかな？」「お友達に影響を受けたのかも」など、とあれこれ原因を探しては落ち込んだり、反省したり、後悔したり。次から次へと色々な考えが頭の中を駆け巡ります。

　そんな暴走状態では、自分のイライラを冷静に客観視できません。そのせいで感情的にイライラをぶつけてしまったり、思い込みや決めつけで一方的に子どもを怒ってしまったりと、上手に怒ることもできなくなります。

　そんな暴走する思考をストップさせるのが「頭ストップ作戦」です。

◉ 「真っ白」なキャンバスに気持ちを描き直そう

　例えば、キャンバスに絵を描くときに、なかなか自分のイメージ通りに描けないと、一度白紙の状態に戻したくなりませんか？　頭の中も同じです。イライラで混乱した頭の中を、イメージの力を借りて一度真っ白にリセットしましょう。

　頭の中いっぱいに真っ白なキャンバスをイメージして、そこに意識を向けます。真っ白な紙に意識を集中して、怒りの原因や理由などを考えないようにすれば、**思考の暴走を一時的に止めて反応を遅らせることができる**からです。

　心の中で「ストップ！」と声をかけてもいいでしょう。真っ白なキャンバス以外にも、一面の雪景色や、真っ白なペンキを塗った壁など、色や形など具体的に意識が向いてしまうものでなければ何でもかまいません。

❶怒りを感じたら自分自身に「ストップ!」と声をかける
❷頭の中に真っ白なキャンバスをイメージして意識をそちらに向ける

目を閉じたほうがイメージしやすければ、
目を閉じてもOK。

親子でやってみよう!

　子どもの行動を瞬時にやめさせたいときも、「何やってるの!　ダメでしょ!」といきなり怒鳴るのではなく、その場で「ストップ!」と声をかけて子どもの両手を取り、対面で向き合ってみましょう。子どもの思考をいったん止めて、冷静さを取り戻すことができます。

　子どもも、自分の手を握られたことで「行動にストップがかかったこと」を理解します。離れた場所から声だけで怒られるのと、向かい合って諭されるのとでは、子どもの受け取り方も違います。

6秒マジック2：
落ち着く「呪文」を唱えよう

● 「呪文」で自分をクールダウン

イライラしているとき、あなたは周りの人にどんな言葉をかけてもらいたいですか？ 「怒りすぎ」「あなたが原因じゃない？」などとは、誰も言われたくありません。たとえ自分に非があったとしても、「心配しないで」「大丈夫だよ」など肯定的な言葉をかけてもらえたら気持ちが落ち着きませんか？

イラッとして、つい子どもを感情的に怒ってしまいそうになったら、自分を落ち着かせる「呪文」を唱えましょう。6秒間をやり過ごし、イライラをクールダウンさせることができます。また、**自分に呪文をかけることで、自分を責める（傷つける）ことからも回避**できます。

● 場面ごとに「呪文」を用意しておく

誰かを傷つけるような言葉でなければ、どんな呪文でもOK。「気にしない、気にしない」「相手は子ども、まだまだ5歳」など気持ちがホッとするようなものを唱えてみましょう。声に出して言っても、心の中で言ってもかまいません。

シチュエーション別に、いくつか用意しておくのもおすすめです。

例えば、子どもが失敗したら「ドンマイ、ドンマイ」、親子の意見が衝突したら「私は私、子どもは子ども」、自分の失敗でイライラしたら「こんなときもある！」など、バリエーションを作っておくといいでしょう。

好きな芸能人やアーティストの名前、好きな曲の歌詞、お笑い芸人の鉄板フレーズなどを呪文にすると、唱えているときにイメージが浮かび、顔が思わずほころんでリラックスできたりします。

❶自分を落ち着かせる呪文リストを作る
❷イラッとしたら、呪文を唱える

呪文は、誰かを傷つける言葉でなければ何でもOK。短い呪文でも3回ほど度繰り返せば、6秒間をやりすごせる。

親子でやってみよう！

　子ども用の呪文も作ってみましょう。どんな呪文なら気持ちがホッとするのか、子どもと一緒に考えてみてください。

　例えば、憧れているヒーローやキャラクターの名前やセリフ、「チョコ」「グミ」「ラムネ」といった好きな食べ物など、子どもがイライラしたときに、声に出して言ったり、思い浮かべたりすると、嬉しい気持ちや楽しい気持ちになって6秒間をやり過ごすことができます。

　また、音の響きがいい呪文、リズミカルな呪文、ユーモアを交えた呪文なども楽しい気持ちになるのでおすすめです。イライラしたら、親子で一緒に唱えてみてください。

6秒マジック3：
スーハー深呼吸

◉ 呼吸は怒りのバロメーター

「息」という漢字が「自らの心」と書くように、息（呼吸）には自分の心の状態が現れます。

激しく言いまくる、ひどく憤慨するといった意味の「息巻く」という言葉の由来は、「息づかいが巻き上がるように荒くなっている様子」ですが、心がイライラしているときには、呼吸も速く、浅く、荒くなっています。

反対に、気持ちが落ち着いているときは、深い呼吸で体もリラックスしています。

このように呼吸と心の状態は影響し合っているため、**呼吸を整えることで、体と心を緩めて落ち着かせる**ことができます。

◉ たった1回の深呼吸で6秒間は越えられる

呼吸を整える最も簡単な方法は、深呼吸です。深呼吸は、1回するだけでも約12秒かかるため、それだけですでに怒りが落ち着く6秒間をやり過ごせることになります。

おなじみのラジオ体操も最後を深呼吸で締めくくる構成になっていますが、深呼吸は子どもからシニア世代まで、誰でもすぐにできる、簡単かつ即効性のある6秒マジックです。実際に、「イラッとしたときに深呼吸をするだけで、感情的に怒ってしまうことが随分なくなりました」と報告してくださるママがたくさんいらっしゃいます。

大事なのは、**息を吐き切る**こと。6秒間、しっかり吐き切ることができれば、自ずと深く息を吸い込むようになります。呼吸を整えてイライラをクールダウンさせましょう。

❶口をすぼめて、息を細く長く吐き出す（6〜8秒間）

❷体の中の息をすべて吐き切ったら、息を吸う（3〜4秒間）

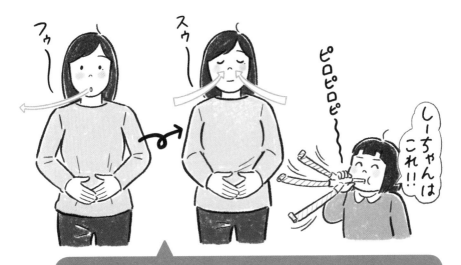

息を吐くときは、お腹をへこませる腹式呼吸を意識。吸うときは、姿勢を正して少し上を向くように。目は開いても閉じてもOK。

親子でやってみよう！

　子どもには、「呼吸が目に見えるような工夫」をすると、イライラから意識をそらしやすくなります。

　例えば、風船、吹き戻しがついたピロピロ笛、ストローにビニール袋をつけたものなど、**吸ったり吐いたりする行為を視覚的に体感できるもの**を用います。

　そうしたグッズを子どもが過ごすことの多い場所に用意しておくと、遊びながら心を落ち着かせることができるでしょう。

　親子でヒートアップしたときは、「その場を離れよう」（P78）との合わせ技で、ベランダや庭に一時的に出て一緒に深呼吸をしてもいいでしょう。

6秒マジック4：
頭の中で引き算しよう

● 理性を働かせてイライラをおさえる

　たいていの人は、計算をしながら、他の何かについて思考を巡らせることはできません。「計算すること」に意識が集中するからです。これをイライラのクールダウンに応用したのが、「頭の中で引き算しよう」です。

　脳には前頭前野という、感情を抑制し、理性や判断力を司る中枢部分があります。イラッとしたときに頭の中で引き算をすると、この前頭前野が活性化して理性的になるため、イライラの感情に乗っ取られることを防げます。

● 少し難しい計算にすると効果的

　イラッとしたら、「100、97、94……」と頭の中で100から3ずつ引き算してみましょう。その場ですぐにできる、簡単な方法ですね。

　毎回同じ引き算だと、慣れてしまって効果が薄れるかもしれないので、100ではなく200から「200、197、194……」と引いてみたり、引く数を3から6に変えて「300、294、288……」と引いてみたり、英語で「One hundred, Ninety-nine...」など、**少し考えないと答えが出ないような難易度にすると、よりイライラから意識をそらすことができます。**

　家庭内では計算を声に出しておこなったり、「イライラしたときに取り組む今月の引き算」といったものを、親子で決めておいて実践するのもいいでしょう。「イライラしたらこうする」というクールダウン方法を習慣化できます。イライラを落ち着かせる感情マネジメント力だけでなく、計算力まで身につけられるという一石二鳥の6秒マジックです。

❶イラッとしたら、頭の中でゆっくり100から3ずつ引き算していく
❷怒りが落ち着くまで引き算を続ける

慣れてきたら100から4ずつ引いたり、英語で引き算をしたり、色々なバリエーションを用意するのがおすすめ。

親子でやってみよう！

　子どもがやる場合は、10から3ずつ引いていく計算でも6秒程度かかるかもしれません。引き算が難しければ、単純に「10、9、8、7……」とカウントダウンするのもおすすめです。

　また、「イラッとしたら、親子で計算をする」というルールをあらかじめ作っておくといいでしょう。ママが「100−3は？」とたずねるのを合図に親子で一緒に計算するといった方法でもかまいません。

6秒マジック5：
その場クギづけ作戦

◉ 過去や未来ではなく「今」に集中

　人は「なぜ、あんなことを言ってしまったんだろう」「こうすればよかった」などと、変えられない過去を思い出してはイライラを再体験したり、「次も同じことがあったら嫌だな」と実際に起きていない未来を想像して不安を募らせたりします。

　過去と未来を行き来して、心が後悔や不安などのマイナス感情でいっぱいになると、ますますイライラしてしまいます。私たちが生きている世界は、過去でも未来でもなく「今この瞬間」。**「今ここにいること」に意識を集中できれば、イライラの増幅や怒りの暴走を防ぐことができます。**

　そこで、イラッとしたときにやってほしいのが、「その場クギづけ作戦」です。

◉ 「クギづけ」になる時間を作る

　「その場クギづけ」とは、文字通りその場から動けないようにすることです。屋内でも屋外でも、**そのとき目に留まったものに強制的に意識を集中して、形や色、傷や汚れ、模様や文字など隅々まで細かく観察する**ことで6秒間をやり過ごし、冷静さを取り戻すことができます。心の中で実況中継をしてもいいでしょう。

　毎日の子育てに翻弄されているママにとっては、たった6秒間でも「クギづけ」することで新発見があったりします。見慣れた公園で「こんなところに、お花が咲いていた」「こんな看板があった」など、新鮮な気持ちや喜びも感じられるでしょう。慌ただしく過ぎ去っていく日常だからこそ、「今ここ」にクギづけできる時間を意識的に作ってみましょう。

やり方とポイント

❶ 目の前にあるものに集中する

❷ 目の前にあるものに対して、頭の中で実況中継する

台所ならキッチンツール、公園なら花や石ころなど何でもOK。色、形、大きさ、模様などを観察して意識を集中！

親子でやってみよう！

　子どもが怒っているときに、他の何かに視線をそらすのは効果的です。視線を変えるだけで目に入ってくる情報が変わるため、怒りから意識をそらすことができます。

　「あ！　こんなところに虫がいた！　この虫、何だと思う？　何色だろう？　脚は6本かな？　8本かな？」など、目の前のものについて丁寧に語りかけると、子どもの関心が移ってイライラをクールダウンさせることができます。

6秒マジック6：
怒りの温度づけ

◉ 目盛りをつければ怒りも見えやすくなる

イライラをコントロールするのが難しいと感じるのは、怒りが「感情」という目に見えない存在だからです。

気温や体温も目に見えないものですが、温度計や体温計によって数値で目にすると、はっきりと認識できます。それによって、「今日はこの服を着る」「病院に行く」と判断して行動を決めることができます。

同様に、**イライラにも温度をつけて数値化**すると、温度ごとの自分がとるべき対処がわかり、上手に扱えるようになります。

◉ 温度づけで自分の怒りのツボをおさえよう

私たちは、いつも同じ強さで怒りを感じているわけではありません。「不愉快になる」「呆れる」「ムッとする」程度の怒りから、「はらわたが煮えくり返る」ような怒りまで、毎回強度が違います。

イラッとしたら、その都度、心の中でイライラの温度(1〜10)をつけてみましょう。「これは温度2だから、怒るほどではないな」などと、自分の怒りを客観視することができるので、冷静な行動をとれるようになります。

温度づけを続けていくと、次第に**自分の怒りの傾向やパターンにも気づける**ようになります。

例えば「子どもが勉強しないと、怒りの温度は7〜8くらいに高くなる」「毎朝起きない子どもにイライラするけれど、温度は2くらい」など、自分がどの状況でどのくらいイライラするのかがわかってくるのです。自分の「怒りのツボ」がわかれば、予防線を張ることもできますし、「怒りの温度が7以上なら相手に伝える」など、行動や対処の判断基準にすることもできるでしょう。

●イラッとしたら心の中で温度をつける

■イライラの温度の目安

1〜3	軽いイライラ
4〜6	中くらいのイライラ
7〜9	強いイライラ
10	人生最大のイライラ！（一生に1回あるかどうか）

アンガーログ（P98）を記録するときに、その出来事の温度づけもしてみよう。

親子でやってみよう！

　怒りの温度づけは、自分の怒りを客観視するために行う方法ですが、家庭では言葉にして子どもに伝えてみるのもいいでしょう。「トイレの電気がつけっぱなしだったのは、怒りの温度2」「手を洗わずにおやつを食べるのは、怒りの温度7！」と伝えることで、ママが何にどのくらい怒っているのかが子どもにも伝わりやすくなります。

　逆に、子どもが怒っているときにも、その温度を聞いてみましょう。何が許せないほどの怒りなのかがわかると、子どもの理解にもつながります。

6秒マジック7：
イライラを絵にしよう

⬢ 言葉に表せないイライラは絵にしてしまおう

　温度づけをしてみるとわかるように、私たちのイライラは、内容や度合いがその都度違います。さまざまなマイナス感情、心の奥にある望みや願いなどが混ざり合う、多様で幅の広い感情です。

　そのため、ときにはうまく言葉で表現できないような、複雑なイライラを抱えることもあると思います。そのようなイライラは、**絵に描いて外部化**してみましょう。自分の内側にあるイライラを視覚化し、より実感・理解することができます。

⬢ イライラを絵にするとイメージがつかみやすい

　絵にする前に、**イライラの色や形、大きさ、肌触りなどを具体的にイメージ**しましょう。「表面的にはクールに装っているけど、内面は炎のように熱いエネルギーが渦巻いていた」「怒っているときは、たいてい悲しい気持ちを伴っている」など、自分のイライラを理解して、落ち着きを取り戻すことができます。また、描いた紙を丸めてゴミ箱に捨てると、**イライラを体の外に出して、手放すイメージ**ができます。

　アンガーマネジメントのキッズインストラクター養成講座でも、大人の受講者に怒りの絵を描いてもらいます。ある人は灰色のクレヨンでひたすらぐるぐると円を描いて「モヤモヤする怒り」を、ある人は赤いクレヨンでトゲトゲボールを描いて「熱くて突き刺さるような攻撃的な怒り」を表現。絵を見ると、怒りに対するイメージがそれぞれ違うとわかります。

　この方法は、言葉が未発達で上手にイライラを表現できない子どもにも、取り組みやすいです。

やり方とポイント

❶イライラの色、形、温度、大きさ、肌触りなど具体的にイメージする
❷イメージしたイライラを紙にクレヨンで描く
❸絵から何を感じるか、自分のイライラを眺めてみる
❹描いた紙を丸めてゴミ箱に捨ててもOK

絵が描けないときは、目を閉じてイメージするだけでもOK。

親子でやってみよう！

　子どもがイライラを感じていたら、お絵かき帳とクレヨンを用意して、イライラを絵にしてもらいましょう。「イライラはどんな色？」「どんな形？　ギザギザ？　グルグル？　ぐちゃぐちゃ？」「大きさは小さいかな？　ボールぐらいかな？」など、子どもが具体的に想像できるような言葉をかけてください。

　頭の中でイメージしながら手を動かして描くこと自体が、イライラのクールダウンにもなります。描き終えた絵は、「バイバイ」と言いながらゴミ箱に捨てたり、紙飛行機を折って飛ばしてみてもいいでしょう。

6秒マジック8：
その場を離れよう

◉ 場所を移動して、怒りをシャットアウト

　人は視覚・聴覚・触覚などの五感から情報を得ていますが、中でも視覚器官から入る情報が約9割を占めるといわれます。

　子どもが癇癪を起こして泣き叫ぶ姿や、何度注意しても態度が変わらない様子にママの怒りがヒートアップ、ということはありませんか？　そんなとき、子どもを戸外に出したり、別室に閉じ込めたりするのではなく、**「自分が」その場を離れる**と冷静さを取り戻せます。子どもの泣き顔やふてくされた態度など、怒りのもととなる視覚情報をシャットアウトします。

◉ 子どもから離れる前に必ず一声かける

　このままだと目の前にいる子どもにイライラをぶつけしまうと思ったら、自分からその場を離れてみましょう。怒りの対象から距離をとってクールダウンするのです。

　例えば、トイレにこもったり、お風呂場で掃除をしたり、ベランダに出て植物に水やりをしたりするだけで、気持ちを切り替えやすくなります。

　ただし、**その場を離れる前に、一言「○○に行ってくるね」と子どもに声をかける**ようにしてください。怒った形相のママが無言でその場を離れると、子どもに不安や恐怖を与え、パニックになることがあります。驚いてママの後を追いかけて、思わぬ怪我や事故につながる恐れもあります。

　その場を離れるのはクールダウンするためで、子どもを置いてきぼりにして不安や恐怖を与えたり、お仕置きするためではありません。

　お互いに距離をとると、感情を落ち着かせるだけでなく、「自分はどうしたいのか」「何を伝えればいいのか」を冷静に考えられるようになります。

❶イラッとしたら子どもに「〇〇に行くね」と声をかけ、その場を離れる

❷怒りの対象から距離を置いてクールダウン（なるべく子どもから距離を
とる）

その場を離れたときは、体を動かすなどリラックスできることをやってみ
よう。「スーハー深呼吸」（P68）や「怒りの温度づけ」（P74）なども効果
的。公園やスーパーなどの屋外では危険が伴うこともあるので、子どもの
安全が確保できる場所でやってみよう。

親子でやってみよう！

　「〇〇に行くね」と断っても、ママがその場を離れることで子どもが不安
になったり泣きだしたりする場合は、**親子一緒にその場を離れてみてくだ
さい**。屋内から庭やベランダに出て外気に触れるだけでも、気持ちが落ち
着きます。

　時間に余裕があれば、近所を散歩したり、ついでに買い物をしたりする
と気持ちが紛れるでしょう。また、他人の目に触れる環境に身を置くこと
で、感情的になるのを防げます。

6秒マジック9：
「できる私」にインタビュー

◉ 過去の「できる私」からパワーをもらう

　これは、過去の成功体験を再体験することで前向きな気持ちになれる6秒マジックです。過去の嫌な出来事は思い出してもイライラするだけですが、過去の「成功体験」に目を向けると、当時のポジティブな気持ちがよみがえり、今感じているイライラのクールダウンに活用できます。

　子どもに鉄棒を教えて初めて逆上がりができた「瞬間」や、作った料理を家族に「美味しい！」と言われた「瞬間」など、過去のうまくいったことや気持ちよかったことを思い出して、**「成功した瞬間に自分を置く」**のです。過去の「できる私」からポジティブな感情や考え方をもらいましょう。

◉ 「できる私」のイメージは具体的に

　例えば、縄跳びができずにふてくされている子どもの態度にイライラしたら、以前、鉄棒をうまく教えられたときの「自分」を思い出します。「そのときの気持ちは？」「そのとき、考えていたことは？」など、心の中で当時の「できる私」にインタビューしてみましょう。

　逆上がりが初めてできて親子でハグをして喜んだ瞬間、嬉しい気持ちで「やればできるじゃない！」と声をかけたこと、手にできた血豆を見ながら「頑張ったよ」と誇らしげに言った子どもの表情——**具体的にイメージすると、そのときの満たされた気持ちがよみがえり、イライラを落ち着かせることができます。**

　また、「今苦労している縄跳びも、鉄棒の逆上がりのときと同じようにうまくいく」というポジティブなイメージを持つことができ、子どもを励ましながら教えることができるでしょう。

やり方とポイント

❶ イラッとしたら過去の「できる私」を思い出す
❷ 過去の「できる私」に、そのときの感情や考え、体の変化などを細かく
　 インタビューする

「毎日公園に通って頑張った」などの長時間の体験ではなく、
「鉄棒で前回りができた」など短時間の体験を思い出す。寝る前
にやれば、イライラやストレスのリセットにも効果的。

親子でやってみよう！

　子どもがイライラしているときは、ママがインタビューしてみましょう。
「どうせ無理！」「私にはできない！」と卑屈になる子どもに対して、なる
べく現状に近い過去の出来事を思い出して、「あのとき、うまくいったよ
ね！　どんなふうだったっけ？」「あのとき、どんな気持ちだった？」な
ど、子どもが「できた自分」を思い出せるような言葉をかけてください。
　過去の「できる自分」を思い出すことで、気持ちを立て直して、積極的
に取り組めるようになります。

6秒マジック10：
理想の1日を描く「ミラクルデイ・エクササイズ」

◉ 「理想の1日」をイメージして、モチベーションを上げる

アンガーマネジメントのセッションのはじめに「理想の1日」をイメージしてもらうことがあります。

今起きている問題（イライラのもと）がすべて解決した「理想の1日」を想像するのは、自分のなりたい姿や理想の状態という「ゴール」を設定するということです。マラソンでも、ゴールがわからなければ迷走します。ゴールが決まっているからこそ、どのように、どこへ向かえばいいのかが明確になり、モチベーションが上がります。

モチベーションが上がれば、ゴールを実現するための行動を起こせるようになり、行動することでイライラする状況も変わります。イラッとしても**「理想の1日」をイメージして未来の自分を先取りする**ことで、気持ちを落ち着かせることができるでしょう。

では、具体的に問題がすべて解決したミラクルな1日とはどのような日でしょうか？「どうせ、無理」と決めつけずに、一切の制限を外して具体的にイメージしてみてください。

例えば、朝起きてベランダへ出ると、空が青く、清々しい空気を吸って気持ちが満たされる。部屋には淹れたてのコーヒーと焼きたてパンの香りが漂い、楽しそうに笑う夫と子ども。子どもに「ママ最近楽しそうだね」と言われ、夫には「何かいいことあった？」と聞かれる。私はゆっくりと朝の時間を過ごし、全くストレスを感じていない——。

この「理想の1日」が10段階で10なら、今は10段階で4。半年前に友人たちとキャンプに行ったときは10段階の8で、ミラクルな日にとても近かった……というように、情景が目に浮かぶくらいリアルにイメージします。「10に近い日が実際にあった」とわかれば、理想に到達するのは難しいことではないと思えて行動を起こしやすくなります。

- 今イライラしている問題がすべて解決した理想の1日をイメージする
- その日はいつ？（例：1か月後・半年後・1年後など）
- 朝起きたらどんな気持ち？
- ママの行動に表れる変化はどのようなもの？
- 最初にママの変化に気づくのは誰？　何と言われる？
- 他に誰がママの変化に気づく？
- 理想の1日を10段階の10点だとすれば、今は何点？
- ここ1年を振り返って10点に一番近い日はどんな1日？　その日は誰といて何をしていた？

イラッとしたら「ミラクルデイ」をイメージして落ち着こう。静かで落ち着いた環境の中で取り組み、紙に書き出してもOK。「理想の1日」は、何の制限や制約もなくイメージするのがポイント。

親子でやってみよう！

　子どもがイライラしたり悩んだり落ち込んでいるとき、「もしタイムマシーンに乗って理想の未来に行けたら、どうなっていたい？」と理想の1日について聞いてみましょう。自分の望む未来にゴールを設定して、イライラへ前向きに対処できるようになります。

　もし子どもが「Aさんが私の言うことを聞いてくれる」など他人の言動に関する内容が出てきたら、「あなたができることはどんなこと？」と自分ができる行動に目を向けてもらうのがポイントです。

6秒マジック11：
「できた」を見つけるサクセスログ

◉「できた」に目を向ければイライラが生まれにくい

「何で私はこんなに怒りっぽいんだろう」「私は何もできない」と自分を責めたり、卑下したり、自信をなくしてしまうことはありませんか？ イライラしていると、自分を過小評価しがちです。そうなると、「悲しい」「つらい」「苦しい」などのマイナス感情を心に溜めやすくなってしまいます。

イライラにつながるマイナス感情を蓄積しないために、サクセスログで小さな「できた」を書いてみましょう。「できた」は成功体験です。どんなに些細な「できた」でも、書くことで、イライラしがちな自分に自信を与え、ささくれ立った気持ちを軽くしてくれます。

◉ママはたくさんの成功体験を積んでいる

ママたちが思っている以上に、ママも子どもも毎日たくさんのことを成し遂げています。「遅刻しないように送り出せた」「保護者会に参加できた」「ご飯を残さず食べた」など当たり前と思えることでも、すべて毎日の小さな成功体験です。子どもが生まれたばかりのときは、オムツ替えも沐浴も、何でも戸惑いませんでしたか？ 今のあなたは、当時よりもたくさんのことができるようになり、確実に成長しています。

イライラしたとき、自信をなくしたときにサクセスログをつけると、**たくさんの成功体験を積んだ自分に気づく**ことができ、自己肯定感が高まって自分を認められるようになります。自分に自信がつけば、子どもを認められるようになります。いつも頑張っているママが、落ち込んだり、弱気になっているときに、ぜひやってほしいマジックです。

● 自分ができたことやうまくいったことを、ノートや紙に書き出す

■ サクセスログの例

日時	できたこと
6月10日　AM	遅刻しないように送り出せた
6月26日　PM	仕事を調整して、保護者会に出席できた

> イライラの原因と無関係なことでも、どんな小さなことでもOK。落ち込んだとき、自分を責めそうになったときこそ、効果を感じられるマジック。

親子でやってみよう！

　イライラしているときは、自分にも子どもにも厳しくなりがちです。日頃からママがサクセスログで子どもの「できた！」を書くようにすると、よいところに目が向くようになり、子どもをほめるきっかけがたくさん生まれます。

　ほめられた子どもは自己肯定感が高まり、色々なことに積極的にチャレンジするようになります。リビングの壁や学習机の近くなど、子どもの目につきやすい場所にサクセスログの紙を貼ってもいいでしょう。また、子どもにもサクセスログをつけてもらいましょう。自分に小さなOKを出せる習慣がつくられ、自分で自分を認めてあげられるようになります。

6秒マジック12：
「体トントン」で落ち着けサイン

◉自分に落ち着けサインを送って冷静になる

　イライラしたとき、気分が落ち込んでいるとき、誰かに肩を軽くポンポンと叩かれることで、ホッとすることはありませんか？　イライラしたときにも、自分で自分の体をトントンと叩いてサインを送ると、**怒りにまかせた行動をしないように落ち着かせる**ことができます。

　寝かしつけのときに、子どもの背中や腰、お腹を優しく手でトントンしてあげるママもいますよね。心拍に近い一定のリズムでトントンすることで、子どもはママのお腹の中にいたときような安心感に包まれ、リラックスして眠りにつきやすくなります。

　これは、イライラしたときに安心感を得る方法としてもおすすめです。

◉体のどこに触れたら落ち着くかを試してみる

　まずは、自分の体のどこに触れたら気持ちが一番落ち着くか、色々と試してみましょう。

　例えば、利き手で反対側の肩を優しくトントンすると、肩の力が抜ける感覚を得られます。握りこぶしに力が入っていたら、手の甲を軽くトントン。イライラで足が震えるような感覚のときは、太ももに優しくトントンサインを送ると気持ちが緩みます。

　体に送るサインは必ずしもトントンでなければいけないわけではなく、人によっては、体を優しくさすったり、ツボを押したり、耳たぶを軽く引っ張ったりすることで落ち着く場合もあります。

　イライラしているときは、体も少なからず緊張状態にあります。体に何らかのサインを送ることで、自分の高ぶった気持ちが落ち着く感覚を実感しましょう。

● 手のひらを自分の体に当てて、ゆっくり優しくトントンと叩き、落ち着けサインを送る

肩や腕、お腹など、一番落ち着くところにトントン。目を閉じながらやると、イライラの対象物から意識をそらしやすくなる。

イライラおさまれ〜

トントン

自分にも…

トントン

ホッ

親子でやってみよう！

　子どもの感情が高ぶっているときは、ママが子どもの体に落ち着けサインを送ります。就学前の子どもなら、対面で抱っこしながら背中に回した手で優しくトントン、おんぶをした状態で下からお尻を軽くトントン。興奮した心と体の力が抜けて、イライラが静まります。抱っこやおんぶができないときは、子どもの隣に並んで背中や肩をトントンしてあげましょう。

　子どもがトントンされるのを嫌がったら、気持ちが少し落ち着くのを待ってからやってみたり、ゆっくりと背中や肩をさすったり、手を握ったりしてもよいでしょう。

　自分でできる年齢の子どもには、体のどこをトントンすれば落ち着くかを試してもらうとよいでしょう。「イラッとしたら、ここをトントンする」という対処法が決まっていると、安心感が得られます。

6秒マジック13：
口角アップでご機嫌脳へ

● 感情と表情・態度はリンクしている

　私たちが感じる「悲しみ」「喜び」「イライラ」などの感情は、私たちの姿勢や表情、態度などに現れます。気分がふさぎ込んでいれば、顔が下を向き、眉間にシワが寄った表情に。前向きな気持ちのときは、背筋が伸びて、イキイキした表情に。

　一方で、とくに嫌なことがなくても、しかめっ面をしていると、交感神経が優位になってイライラしてきます。表情や態度によって、自分の気持ちが変わってしまうのです。それを利用したのがこのマジック。イライラしたときに意識的に笑顔を作ると、**脳が「楽しい」「嬉しい」と錯覚し、ポジティブな気持ち**に変わってきます。

● 口角を上げて、ママも子どももイライラ軽減

　口を結んで、口角をキュッと上げる――この状態では声が出せません。イラッとして怒鳴ってしまいそうな瞬間に、6秒間口角を上げてみましょう。意識をそらすことができ、余計な一言を言わずにすみます。

　また、笑顔を作ると「幸せホルモン」と呼ばれるセロトニンや「やる気ホルモン」と呼ばれるドーパミンが脳内で分泌されるため、気持ちが前向きになってきます。口角アップを習慣にすることで、イライラを軽減し、下降した気分を上向きにしましょう。

　ママの目が吊り上がり、口角が下がった表情は、子どもに敵意や恐怖心、緊張感を与えることもありますが、**笑顔は子どもに安心感をもたらす**ことができるでしょう。

❶イライラしたら口角をキュッと上げる
❷6秒間、そのままキープする

1・2・3・4・5・6

ニコーッ

子どもには「口を結んでニッコリしよう」と説明。
鏡を見ながら親子で練習するのもおすすめ。

親子でやってみよう！

　イライラしている子どもに口角アップをさせるのは、難しいかもしれません。そんなときは、わらべうたの「にらめっこ」を試してみてください。「笑うと負けよ」の歌詞を「怒ると負けよ」に変更した替え歌バージョンです。

　「だるまさん、だるまさん、にらめっこしましょう、怒ると負けよ、アップップ！」ポイントは、怒った顔で歌いながら、最後の「アップップ！」のところで思いっきり口角をアップにしてみることです。その表情のギャップから、親子でつい大笑いして、顔も心も緩んでしまいます。

6秒マジック14：
応援言葉で気持ちを上げる

◉ 自分にイラッとしたら、自分で自分を励まそう

　「また、やっちゃった」「どうして私はこうなんだろう」と自分を責めたくなることはありませんか？　うっかり忘れ物をしたり、料理を失敗したり、子どもに余計な一言を言ったり……自分の未熟さを目の当たりにすると苛立ちを覚え、落ち込んでしまうことがありますよね。

　自信をなくすと、ますますイライラしてしまいます。そんなときは、**自分で自分を応援する言葉を言い聞かせる**ことで、元気づけられ、イライラに振り回されなくなります。また、自分を応援するような言葉を発することで、ポジティブに物事を乗り越えられるようになります。

◉ 応援言葉で気持ちを上げる

　「ただいま、成長中！」「ピンチはチャンス！」「明けない夜はない」など、自分が元気になれる言葉を事前に用意しておきます。うまくいかないとき、イライラの矛先が自らに向いてしまいそうなときは、気持ちが上がる言葉を言い聞かせて、**できなかった自分を受容し、励ます**と、強い気持ちで乗り切ることができます。

　気持ちが弱っているときほど、イライラも生まれやすくなります。応援言葉を自分にかけるのが恥ずかしい場合は、心の中で呟くだけでもかまいません。

　前向きな気持ちで応援したり励ましたりする、自分自身のチアリーダーになったつもりで、自分に応援言葉をかけてあげましょう。イライラを奮起する力に変えることができます。

❶自分を応援する言葉を作っておく
❷イラッとしたら心の中で唱える

P66の「落ち着く呪文を唱える」は高ぶったイライラをクールダウンさせたいときに、「自分応援言葉」は落ち込んだ自分を鼓舞したいときに最適。

親子でやってみよう！

　気持ちが上がる応援言葉は、子どもにも言ってあげましょう。

　子どもが失敗したときに、「だから言ったでしょ」「また失敗したの？」などの否定的な言葉をかけるのではなく、「次はできるよ！」「失敗は成功のもと！」などの応援言葉をかけるほうが、イライラを前向きに捉えられるだけでなく、セルフイメージを高めることもできるでしょう。応援言葉をシャワーのように浴びて育った子は、**失敗や間違いに臆することなく、前向きにチャレンジする精神**を持つこともできます。

　また、「元気100倍」など、子どもが好きなアニメのキャラクターの決めセリフを応援言葉にするのもおすすめ。キャラクターのイメージが加わって、より力強く心に響きます。気持ちが上がる応援言葉を、子どもと一緒に考えてみてください。

6秒マジック15：
風船でイライラバイバイ

◉風船にイライラを吹き込んで心を軽やかに

　風船を膨らませることは、息を長く吐くため、乱れた呼吸を整えるエクササイズになります。イライラした気持ちを風船に吹き込むようにイメージすると、モヤモヤした心がさらにスッキリするでしょう。

　膨らませた風船をポンポンと叩いて遊ぶと、宙に舞う様子が気持ちまで軽やかにしてくれるから不思議です。カラフルな色、丸い形、自由に飛び跳ね、どこに向かうかわからない動きをする風船に魅了される子どもは多く、親子間の険悪なムードを断ち切りたいときにも一役買ってくれるアイテムです。

◉イライラは言葉以外でも表現できる

　子どもたちが体の内側で感じている気持ちを、適切に言葉で表現できるようになることは大切です。しかし、どうしても言葉にならない複雑な気持ちを抱えていることもあります。大人だってイライラを言葉で表現できないとき、したくないときがありますよね。

　大人、子どもに限らず、そもそも言語化するのが苦手だったり、言葉にすることで嫌な出来事を思い出してつらくなったり、気持ちを話すこと自体が負担やストレスになる場合があります。

　そんなときは、遊びやアートの中で気持ちを表現すると、自らの内側に存在するイライラを外部化することができます。P76の「イライラを絵にしよう」と同様に、イライラを風船という目に見える形にして、自分の気持ちを実感、理解するのです。**イメージによって自分のイライラを客観視できる**と、上手に扱えるようになります。

❶イライラを吹き込むように、風船を好きな大きさに膨らませる

❷風船にマジックで「イライラ」の表情を描く

❸風船をポンポンと上に投げて遊ぶ

❹遊び終わったら、風船の結び目近くにハサミを入れて穴を開け、空気が抜けるのを見ながらイライラを手放すイメージをする

風船の中に「イライラさようなら」と書いたメモを入れるのもおすすめ。

親子でやってみよう!

　空気を視覚的に捉えることができる風船で遊ぶことで、**空気のように目に見えない気持ちを扱う感覚**が持てます。イライラだけでなく、不安や悲しみなどのネガティブな感情を抱えているときにも、風船を膨らませて、その感情の表情を描いてみましょう。その風船で遊ぶことで、ポンポンと宙に舞うように気持ちも軽くなり、子どもたちに笑顔が戻ってきます。

　感情が乱れたときにいつでも膨らませられるように、子どもが過ごすことの多いリビングなどに風船を置いておくといいでしょう。

6秒マジック16：
イライラモンスターで怒りを実感

◉ 感覚を刺激してクールダウン

　イライラの外部化には、粘土もおすすめです。自分の内側にいるイライラモンスターは、「どのような形や色で、どんな顔をしているのか？」「どんな性格で、イライラするとどのような行動をとるのか？」想像を膨らませて、粘土で形にしてみましょう。立体的に作ることで、**自身の抱えるイライラを実感し、その特徴を自覚**できます。

　また、粘土細工はちぎったり、ねじったり、丸めたりと、指先や手のひら全体を使う動きが多く、さまざまな感覚を刺激します。粘土の感触を感じながら**手を動かして目の前の作業に集中することは、イライラから意識をそらす効果**もあります。モンスターが完成するころには、すっかり気持ちが落ち着いているでしょう。

◉ モンスターを作ってイライラを実感する

　イライラモンスターを作るときは、「上手に作ろう」などと出来のよい作品を目指さないでください。感じたままに自分のイライラを表現しましょう。

　大人になると粘土遊びをすることはあまりありませんが、イライラモンスターを作ってみると「平静を装いながら、マグマのように熱い怒りを感じていたんだわ」「心配で不安でしょうがないモンスターがいたみたい」と自分のイライラを実感します。目に見えない感情を立体的に表現することで、より自身の感情を自覚することができます。

　そして何より、イライラをアートや遊びの中で昇華させる方法のいいところは、ママも子どもも楽しんでできることです。

❶材料を用意する（白いソフト粘土・水彩絵の具）
❷自分の中のイライラモンスターをイメージする
❸ソフト粘土に水彩絵の具を混ぜて、イメージした色の粘土を作る
❹イライラモンスターを作る

できた!!

作ったイライラモンスターについて、親子で話し合ってみよう。

親子でやってみよう！

　子どものイライラモンスターが完成したら、「モンスターの名前は？」「イライラモンスターは怒るとどうなるの？」「モンスターが暴れないために、何ができる？」などと聞いてみましょう。想像力を膨らませながら語ってくれます。

　「名前は『ブチ・極キレ』で、いつもは黄色いけど、怒ると真っ赤な体に変わって、口から大きな火を吐いて周りのものを燃やしちゃうの。でも、水には弱いから、手を洗ったり、水を飲んだり、お風呂に入ったりすると黄色に戻るんだよ」など、子どもの話から、内側に抱えていたイライラを見事に具体的なイメージで捉えている様子がわかります。

　イライラモンスターを作ることで、子どもは**自分の内側にあるイライラを手放す実感**を持てるのです。

こつばんさんちの
アンガーマネジメント

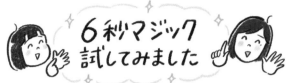

6秒マジック
試してみました

特に効果が
あったのが…
引き算!!

最初は─

…10から3ずつ
引いてみてごらん
落ち着くよ

やだ!!

そんなの
やらない!!

こんな調子
だったけど─…

だまされたと思って
やってみてよ

まァまァ

えっと…

10…7…4

?

イライラ
してない!!

一度
成功してからは…

100
…97
…94

自分から
6秒マジックを
実践する
ことも!!

さらに現在は
九九で心を
落ち着かせています

2×3
が?

6

4×7？
…28

勉強にもなって
一石二鳥♥

第5章

毎日取り組んで
イライラしにくいママになる
「心広げるマジック」

この章で紹介するのは、毎日少しずつ取り組むことでイライラしにくい考え方や行動を身につけていく「心広げるマジック」です。長期的に、繰り返し実践して、ご機嫌な親子になりましょう。

心広げるマジック1：
イライラの記録「アンガーログ」

◉ 「何に怒っていたか」は忘れがち

　イライラと上手に付き合うためのトレーニング方法はたくさんありますが、最も基本的なものが、イライラしていることを記録する「アンガーログ」です。

　私たちは**怒ったこと自体は覚えていても、「何に対して怒っていたか？」は忘れてしまっている**ことが多いものです。覚えていないから、同じような状況になるたびに、同じようにイライラして怒ることを繰り返します。

　イライラはその内容を書き出すことで、**自分の怒りを客観視できる**ようになります。どのような状況にイライラを感じやすいのか、子どもの何に対してイライラしているのか、自分の傾向やパターンが見えてきます。

◉ イライラは振り返りで予防できる

　アンガーログは、**イライラしたらその都度書き出していく**方法です。この記録は、後から見直して振り返ることもできます。

　外ではほとんど怒らないのに家の中では毎日怒っている、夕飯前によくイライラしている、食事のマナーについてイライラすることが多い……。自分のイライラの傾向がわかれば、どのように落ち着かせたらいいか、どのように考えたり行動したりすればイライラしないかなど、対策を考えることもできます。

　アンガーログは、メモ帳やスマートフォン、タブレットなど、記録ができればどんな方法でもOK。1年間毎日アンガーログを書けるようになっている「アンガーマネジメントトレーニングブック」や、スマホアプリの「アンガーログ」などもあります。

● イラッとしたその都度、怒ったことを記録する

記録するのは……
①イライラを感じた日時と場所
②イラッとした出来事
③思ったことや気持ち
④怒りの強さ（10段階）

■ アンガーログの例

日時・場所	7/3　リビング
出来事	夕飯の時間なのに、子どもがおもちゃを片付けずにテレビを観ている
思ったこと	何でテレビを消さないの？　おもちゃを片付けなさいよ！
怒りの強さ	5

分析せずに、直感的に書き出すことが大事。

親子でやってみよう！

　文字を書けるようになったら、子どものお気に入りのノートを用意して「アンガーログ」ノートを作ってあげましょう。イラッとした出来事を**ノートに書き出すことで、怒りにまかせた反応を防げます。**

　また、書くことは、ぼんやりした思いや気持ちを言語化する作業なので、自分の気持ちを理解したり、整理することができます。時々、親子でアンガーログを見せ合いながら、どんなことにイライラしたか話し合う機会を持つのもいいでしょう。

心広げるマジック2：
イライラの正体を知る「べきログ」

❁ 「こうあるべき」に縛られている?

　アンガーログを書くようになったら、「べきログ」にも取り組んでみましょう。イライラの正体は私たちがそれぞれ信じている「べき」であると説明しました（P34）。そんな自分の「べき」を書き出して、自らをイライラさせている正体が何かを特定するのです。

❁ 必要な「べき」かどうかを見分けよう

　アンガーログを見直して、自分の「べき」を書き出してみましょう。さらに、アンガーログには書いていないけれど、日頃思っている「べき」もリストアップしてください。

　例えば、アンガーログに「夕飯の時間になってもテレビを観続け、部屋も片付けない子どもにイライラした」とあれば、「夕飯の時間にはテレビを消して食卓につくべき」「おもちゃは夕飯前に片付けるべき」などの「べき」があります。

　書き出した「べき」は、「大事レベル」を3段階で評価しましょう。大事レベルの高い「べき」や、よくイライラしている「べき」が見つかったら、子どもに伝えたり、ルールを作るなどの対策を考えてみます。

　「べき」があるのは悪いことではなく、みんなに必要な「べき」もあります。ただ、ママがその「べき」にこだわることでイライラに振り回される、書いてみたら少し違和感のある「べき」だったという場合は、それは不要で手放しても問題ない「べき」、修正してもいい「べき」かもしれません。それに気づいて自分の「べき」を見直せば、許容範囲が広がってイライラする場面が減らせます。

❶アンガーログから自分の「べき」を書き出す

❷❶の他に、よくイライラしている「べき」を書き出す

❸それぞれの「べき」の大事レベルを考える

■べきログの例

ママの「べき」	大事レベル
ゲームは1時間までにするべき	低 ・ 中 ・ ⓗ高
ご飯を残すべきではない	ⓛ低 ・ 中 ・ 高
脱いだものは洗濯カゴに入れるべき	低 ・ ⓜ中 ・ 高
僕の「べき」	大事レベル
机の引き出しは勝手に開けるべきではない	低 ・ ⓜ中 ・ 高
お兄ちゃんと比べるべきではない	低 ・ 中 ・ ⓗ高
ママは「YouTubeを観るのを終えなさい」と言うべきではない	ⓛ低 ・ 中 ・ 高

自分の価値観に向き合う作業なので、時間があるときにゆっくり取り組む。自分を苦しめる「べき」は、3つの箱による考えチェンジ作戦（P108）で書き換えてみよう。

親子でやってみよう！

　時間がとれるときに、どんな「べき」があるのかを親子で話し合ってみましょう。子どもがよく怒る状況を思い出し、そのイライラの正体の「べき」を一緒に考えます。また、大事レベルを3段階で選ぶことで、ママや子どもにとって大事だと思う「べき」がわかり、その「べき」通りにならないと強いイライラを感じることが、お互いに理解できます。

心広げるマジック3：
いいこと探しの「ハッピーログ」

◉ いいこと探し上手になる

頑張っても報われない、思い通りにいかないことばかりで、楽しいことなんて何ひとつない！——そんなときは、小さなことでいいので「嬉しい」「楽しい」と感じたことを書き留めるハッピーログに取り組んでみましょう。

私たちの毎日は、腹が立つことばかりではありません。庭に咲く花に喜びを感じたり、子どもがお手伝いしてくれたことを嬉しく感じたりと、実は小さな幸せで溢れています。ハッピーログは、こうした日常の些細な楽しさや喜びに気づき、イライラしにくい心を作っていくトレーニングです。

嬉しい、楽しいと思った出来事について、その日時や場所、ハッピーの強さなどを紙に書き出します。記録することで、ポジティブな感情をより敏感に感じ取れるようになります。

ハッピーログを振り返ると、自分がどのようなことに嬉しい、楽しいと感じているのかもよくわかります。食べ物のことばかり書く人もいれば、好きな芸能人のことばかり書く人も。ヨガやウォーキングなど体を動かしたときに強いハッピーを感じる、といった傾向に気づく人もいます。自分の傾向を知れば、「最近イライラしているからヨガに行こう」などと自分の気持ちをハッピーにする行動をとることもできます。

また、ハッピーログは、**イライラしてもアンガーログを書くのがつらいとき、「最近何もいいことがない」と感じているときに、とくに効果的**です。ハッピーを記録することで、楽しいことに目を向けられるようになります。

● 「嬉しい」「楽しい」「幸せ」と感じることをノートやスマホのメモなどに書き出す

記録するのは……
①嬉しさや楽しさを感じた日時や場所
②ハッピーだと感じた出来事
③思ったことや気持ち
④ハッピーの強さ（10段階）

■ ハッピーログの例

日時・場所	8/18　ベランダ
出来事	ベランダ菜園のトマトがたくさん採れた
思ったこと	嬉しい！　おやつに食べよう！
ハッピーの強さ	4

どんなときに自分がハッピーな気持ちになるのかを知っておくことも、イライラの予防に。

親子でやってみよう！

　子どもにも、嬉しかったことや楽しかったことをノートなどに記録してもらいましょう。子どもが嬉しい、楽しいと感じることを知る手がかりになり、子どもがイライラしたときに気持ちを切り替えたり、クールダウンさせたりする方法を提案できます。

　中には、ママが見過ごしていることや、「蜘蛛の巣を見つけた」などちょっと不快に感じることもあるかもしれません。親子の違いを知り、子どもの理解につながることもあるでしょう。

心広げるマジック4：
状況を変える「変化ログ」

◉イライラ解消の行動は自分で作り出せる

「イライラする状況を変えたい」と思いながらも、何度も同じような場面に遭遇してイライラ……。これは、イライラを改善するために適切な行動をとっていないからです。

怒りの感情が湧き出ると、「子どもが悪い」「あんな出来事があったせい」など、自分以外の「誰か」や「何か」が変わることを望みがちです。でも、願ったり念じたりするだけでは状況は変わりません。そもそも、私たちには「現状維持バイアス」といって、未経験なものを受け入れたくない（変わりたくない）という傾向があるため、「変わらない状態」が続きやすいのです。

状況を変えたくても、なかなか行動に移せない、どんな行動をすればいいかわからないという人におすすめしたいのが、「変化ログ（行動計画)」を書く方法です。

まず、自分が作り出したい変化と、そのために必要なステップを具体的に書き出します。忘れ物が多い子どもにイライラするので「子どもが忘れ物をしなくなる」状況を望むという場合は、「翌日の準備をするときに一緒に確認」「ハンカチなど毎日持参するものは玄関の棚に置く」「玄関のドアに『忘れ物チェック』と書いた紙を貼る」……など、なるべく**たくさんの具体的な行動を考えて、ハードルが低く、チャレンジしやすいものから取り組み**ましょう。

小さな行動でも、実行すれば状況が変わり、イライラすることが減ります。何より「自分の行動でイライラが生まれる状況を変えることができる」という実感が持てると、状況を変える行動をとりやすくなります。

❶変化ログのフォーマットの左の欄に作りたい状況を書き出す

❷❶を変えるために必要な行動を、右の欄にスモールステップで書き出す

■ 変化ログの例

	作りたい状況 （起こしたい変化）	状況を変えるために必要なステップ
マ マ	子どもが学校からの手紙を出さない ➡親から言われなくても手紙を出せるようになる	・子どもの机に「帰宅したら手紙」と書いた付箋を貼る ・帰宅したら「手紙は？」と聞く ・夕飯の前に「手紙出してね」と声をかける ・子どもの机に手紙を入れるトレイを設置
子 ど も	学校で隣の席の友達が、いつも消しゴムを勝手に使う ➡友達が自分の消しゴムを使うようになる	・家で余っている使わない消しゴムを友人にあげる ・先生に相談する ・本人に「勝手に使わないでほしい」と伝える ・友人のお母さんに今の状況を伝える

> 相手ではなく「自分がとる行動」を書く。また、現状からかけ離れた変化を求めると行動に移しづらいので、実現可能な変化を書く。

親子でやってみよう！

　子どもが変化ログに取り組むときには、はじめは親が一緒に考えてあげましょう。子どもが嫌だと感じていることを具体的に聞いて、「どうなったらいいと思う？」「どのように変われば気がすむ？」と作りたい状況について考え、「そのためには何ができると思う？」など、とるべき行動を変化ログに書き込みながら考えていきます。

　実行できたものには、マーカーで線を引く、○をつける、シールを貼るなどをして、子どもが自分の取り組みをわかるようにすると続けやすくなります。

心広げるマジック5：
イライラの型を崩す「ブレイクパターン」

◉ 「何度言えばわかるの？」を何度言ってきた？

　「何度言えばわかるの？」「毎日注意してるのに、全然変わらない！」など、毎日同じ状況にイライラして怒ることを繰り返していませんか？　こんなときは、**子どももママもそれぞれ特定の行動パターンにはまっている**ことが多いです。

　私たちの行動は知らないうちにパターン化され、悪循環に陥ることがあります。パターン化されると、いちいち考えなくてすむので、ある意味ラクだからです。この**パターンを意図的に崩す**ことで、負のループから抜け出しましょう。

◉ 行動を「ひとつだけ」変える

　自分の行動のすべてを変えるのは難しいので、イライラパターンを見つけたら、**何かひとつだけ行動を変えてみて**ください。

　例えば、子どもが帰宅後に脱いだジャンパーを床に放り投げる癖が、何度「ハンガーにかけなさい！」と怒っても一向に直らないなら、ある日は「ここにハンガーがあるよ」と伝え方を変えてみる。玄関にハンガーラックを置いて、帰宅してすぐにかけられるようにする。リビングに、ジャンパーを入れるカゴを置く——考えられる行動の変化を、ひとつだけ実行するのです。ひとつだけにするのは、**一気にすべてを変えると、どの方法がうまくいったのかわかりにくい**からです。

　こちらの行動を変えると、いつものパターンが壊れて相手の反応も変わり、よい循環が生まれることがあります。このパターン崩しの技を身につけると、変化に強い柔軟でしなやかな心を作ることができます。

❶何度も繰り返しイライラしているパターンを見つける
❷いつもと違うことをひとつだけやってみる

アンガーログ（P98）に何度も出てくるイライラのシチュエーションからパターンを見つけてみよう。

私のイライラパターン

エイッ

親子でやってみよう！

　子どもがリラックスしているときに、親子で話し合いながら「イライラしがちなパターン」を見つけましょう。朝の寝起きの悪さ、ゲーム時間を巡る兄弟喧嘩など具体的な原因がわかれば、「今度イライラしたら、いつもと違うことをひとつだけやってみよう。イライラパターンを壊すとしたら、何ができる？」と聞いてみてください。

　例えば、ゲームの時間を巡る喧嘩なら、いつもは「早く替わって！」と言うけれど、今度は「僕の時間になったよ」と言ってみるなど、何かひとつだけ変える行動を、子ども自身に決めてもらいましょう。

　ポイントは自分で決めること。自分で決定したことであれば、子どもも実行しやすくなります。

心広げるマジック6：
3つの箱で「自分の考えチェンジ作戦」

◉ 第三者の視点で、自分の「べき」を見直す

　「べき」に正解・不正解はありません。とはいえ、ママにとっては信じて疑うことのない「べき」が、子どもや周りの人を幸せにしない「べき」である場合もありえます。

　「自分の考えチェンジ作戦」は、イライラを感じた出来事とそのイライラにつながった「べき」を整理した上で、**自分にとっても周りの人にとってもプラスになる「べき」に書き換える**方法。第三者の視点で、自分の考え方に向き合うことができるのがポイントです。

　時間があるときに落ち着いて取り組んでみると、自身の思い込みや決めつけ、考え方の歪みに気づくことができます。

◉ 「べき」の書き換えで、考え方が柔軟に

　私たちは、「べき」というレンズの入ったメガネをかけて物事を見ているようなものです。曇って汚れたレンズときれいなレンズでは、見える景色も変わります。「べき」を書き換えることは、メガネのレンズを磨いてクリアにする作業だと思ってください。

　「べき」を書き換えるときは、次のような質問を自分に投げかけると柔軟に考えられるようになります。「これは自分にとって本当に大切な『べき』？」「子どもに本当に必要な『べき』？　理想が高すぎない？」「違う立場ならどう考える？」「相手や状況が違っても同じように考える？」「子どもに事情があったとしたら、どんなことが考えられる？」「これをチャンスだと考えたら？」「自分の思い込みや決めつけではない？」……一人でディベートするつもりで「べき」を論破してみましょう。

❶イライラを感じる出来事を書く（アンガーログ（P98）から見つける）
❷イライラにつながる「べき」を書く（べきログ（P100）を使って書く）
❸「べき」をどう書き換えたらイライラが減るかを考える

■3つの箱で「自分の考えチェンジ作戦」（ママの例）

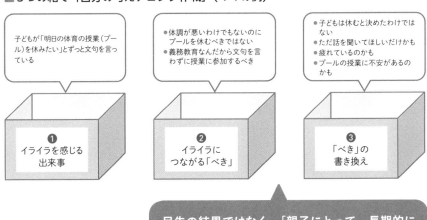

子どもが「明日の体育の授業（プール）を休みたい」とずっと文句を言っている

●体調が悪いわけでもないのにプールを休むべきではない
●義務教育なんだから文句を言わずに授業に参加するべき

●子どもは休むと決めたわけではない
●ただ話を聞いてほしいだけかも
●疲れているのかも
●プールの授業に不安があるのかも

❶
イライラを感じる
出来事

❷
イライラに
つながる「べき」

❸
「べき」の
書き換え

目先の結果ではなく、「親子にとって、長期的に見た場合にどうか？」という視点で書き換える。

親子でやってみよう！

　「イライラしないでニコニコになるためには、どんな考え方ができたかな？」といった聞き方で、子どもから上手に引き出してあげてください。
　例えば、①に「リレーでビリになったとき、次の組で走る友達から『もっと頑張れよ』と言われて頭に来た」と書いたら、②にイライラにつながる考え方（例：頑張っているのに「頑張れ」と言うべきではない）を、③にはニコニコにつながる考え方（例：友達はもっと速く走れると期待して励まそうとしたのかもしれない）を、それぞれ書き出します。
　そうすると、③には自分にとっても周囲の人にとってもプラスになるような考え方が書けるようになるでしょう。

心広げるマジック7：
自分の物語を作る「セルフストーリー」

◉ 自分が主人公の未来予想を書こう

目まぐるしい毎日を送る中で、「もう無理」と弱音を吐きたくなるような難題を抱えたり、面倒なことや厄介ごとに巻き込まれたりすると、イライラが湧き起こりやすくなります。そんなときは、理想の自分像を決め、それに向かって歩む**「自分が主人公の物語」**を書いてみてください。

物語は紆余曲折があるからこそ面白く、感動的なものになります。また、困難を乗り越えることで主人公は成長します。自分が主人公の物語を書くと、どんなに困難なことがあっても「ハッピーエンドへとつながる一端に過ぎない」と思えたり、困難を克服して糧にできると思えたりします。

◉ 物語の考え方は「できる」が基本

「理想の未来」から「現在」を見るようにすると、苦しいことやつらいことも、成功物語に不可欠なスパイスと捉えることが可能です。イライラが生まれそうなピンチの状況に陥ったら、それを起点に「理想の未来」に向かう自分を主人公とした物語を考えてみましょう。

物語を書くにあたっては、いくつかコツがあります。まず、**理想の自分像を具体的に描く**こと。そして、ストーリーの最後で理想の状態になるように、**右肩上がりのハッピーエンドを具体的に考える**こと。

とくに大事なのは、「〜できたらいいな」「〜できないかもしれない」といった表現を使わないことです。**「できて当然」という考え方**で、「できる」と言い切るように書きましょう。そうすることで、実際に行動しやすくなります。

❶理想の自分像、将来の自分像を決める

❷理想に向かう自分が主人公の物語（人生でどのようなことが起こり、それをどのように乗り越えていくか）を書く

■ プロサッカー選手を目指す子どもの未来予想

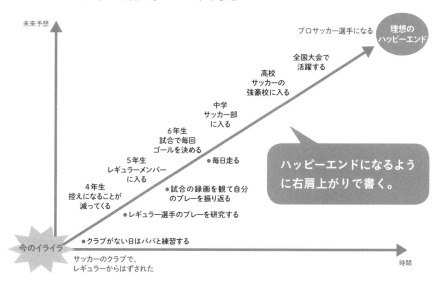

親子でやってみよう！

　例えば、子どもがサッカーのレギュラーメンバーからはずされてイライラしているとき、テストの結果が悪くて落ち込んでいるときなどに、子どものセルフストーリーを一緒に作ってみましょう。

　「物語はいつもうまくいくことばかりではないよね？　プロサッカー選手だったら、どんなふうに乗り越えるかな？　ここで乗り越えたら、どんなストーリーになるだろう？」などと、子どもに理想の未来や自分像をイメージしてもらって、オリジナルの物語を作りましょう。子どもも主体的に、前向きな気持ちで乗り越えることができるでしょう。

心広げるマジック8：
24時間チャレンジ「穏やかなママ」

◉ 強制的に「穏やかなママ」を演じてみる

　「穏やかな人」「怒りっぽい人」など、人を判断するときの基準となるのは何でしょうか。

　例えば、焦ったり、イライラしたりするような、精神的な負荷がかかる状況で、その人がどのような表情、振る舞いをしているかで判断しているのではないでしょうか。

　本当はイライラしていたとしても、穏やかに見える人であれば周囲に安心感を与えます。また、人の行動は感情に左右されますが、行動によっても感情が変わります。

　ここで紹介するマジックは、**丸一日、強制的に「穏やかな人」を演じる**ことで、実際に「穏やかな、怒らないママ」に近づこうというものです。

◉ 演じるだけでも周囲の態度は変わる

　ゲームだと思って、24時間、どんなにイライラすることがあっても怒らず、穏やかな人になりきってください。

　「穏やかなママ」と聞いて、どんな姿を想像しますか？　優しい印象の目元、口角が自然に上がった穏やかな笑顔。丁寧な言葉遣いと落ち着いた話し方で、強い言葉でまくし立てるようなことはしない。所作の一つひとつも丁寧で、優雅な雰囲気のママでしょうか。

　実際の内面はどうであれ、「穏やかなママ」を演じれば、周りの人は明らかに「変わった」と受け止めます。声をかけやすくなったり、親しみを感じたりして、あなたへの印象やかかわり方も変わってきます。**自分の行動が周囲を変えたことを実感できる**はずです。

　24時間キープするのが難しければ、数時間から挑戦してみましょう。

❶「今日は1日怒らないで『穏やかなママ』になる」と家族に宣言する

❷ どんなに腹の立つことがあっても、表面上は穏やかに振る舞う

> 「穏やかなママ」になるには……
> ・表情：口角を上げて笑顔に
> ・話し方：声のトーンを下げ、落ち着いたスピードで話す
> ・所作：一つひとつの動きをゆっくりと丁寧に

あえて忙しい日にやってみるのがおすすめ。朝だけ、半日だけなど数時間からチャレンジしてもOK。

親子でやってみよう！

　子どもには、ゲームをするように「今日は怒らない1日にチャレンジしてみよう！」と誘ってみてください。親子で「怒らない」を達成できたときのご褒美を考えておくと、楽しく取り組めます。1日できたら、3日、1週間……と期間を延ばすのもおすすめです。

　「もし怒りたくなったら、紙に書き出す」などのルールを作っておくと、我慢せずに楽しむことができます。

心広げるマジック9：
憧れの人を演じて「怒り上手」に

◉ 演じ続けることで理想の性格に近づく

自分は怒りっぽい性格だから、イライラするのはしょうがない。確かに、自分の性格を変えるのは難しいかもしれませんが、**理想のキャラクターの言葉遣い、表情、仕草、振る舞いなどを真似て演じることで、理想の性格に近づく**ことはできます。

「24時間チャレンジ『穏やかなママ』」（P112）は、とにかく怒らない、穏やかな人を演じるメソッドですが、ここで紹介するのは「憧れの人になりきり、その人ならイライラする場面でどう振る舞うかを考える」という方法です。

◉ 憧れのあの人になりきって上手にイライラを表現

ママの憧れの女優さんやドラマの登場人物、尊敬する人は、嫌なことがあったときに、どのように乗り切るでしょうか？　イライラしたときには、その憧れのヒーロー（ヒロイン）の言葉遣いや態度を思い出して演じてみてください。

友人や知人など大人を相手に誰かになりきるのは、ママにはちょっと抵抗があるかもしれません。でも、我が子が相手なら楽しく演じられるのではないでしょうか。

ちなみに私は、映画「サウンド・オブ・ミュージック」のマリアになりきります。子どもたちの悪戯にユーモアで応じる朗らかさ、トラップ大佐に激昂されても子どもたちをかばい、思いを必死に伝える誠実さ、愛情深さは、まさに私のロールモデルです。子どもにイラッとしたとき、誰かが怒っているときに、「マリアならどう振る舞うか？」と想像し、彼女を演じることで上手にイライラを表現するようにしています。

❶映画、アニメ、絵本などに登場する理想のキャラクターを、ママと子ど
もがそれぞれ決める

❷その人ならイライラしたときにどんな振る舞いをするか、どんな言葉を
使って怒るのか、キャラクターになりきって演じる

理想のキャラクターは映画、テレビ、小説などの
登場人物や、尊敬する身近な人など誰でもOK。

親子でやってみよう!

　絵本やアニメの物語に出てくる身近なヒーロー(ヒロイン)など、好きな
キャラクターを設定してみましょう。多くの子どもは「ごっこ遊び」が好
きで、「なりきること」に抵抗がない名俳優。自分ではない理想の誰かを演
じ、セリフや振る舞いを真似るのも得意です。

　なりきることで、いつもなら感情的にイライラをぶつけてしまう場面で
も、**違う言葉を使って上手に怒ることができたり、より落ち着いた行動が
できたりする**のです。演じることで気分がよくなると、イライラが静まる
だけでなく、笑いに変わることさえあります。普段は言えないようなこと
も伝えられたりするので、ぜひ楽しみながらやってみてください。

心広げるマジック10：
マイナス感情を溜めない「ストレス・不安ログ」

◉ ストレス・不安は2つの視点で整理

　目まぐるしい毎日を過ごすママが、ストレスや不安感などのマイナス感情と無縁でいるのは難しいことです。マイナス感情が溜まれば、イライラも起こりやすくなります。

　ストレスや不安には、「変えられるもの」と「変えられないもの」があります。ストレスや不安を感じたら、それは**「自分の力で変えることができるか否か」「自分の人生において優先順位が高いか低いか」**という2つの視点で整理しましょう。自分のとるべき行動がわかり、ストレスや不安へ適切に対処できるようになり、イライラしにくい状況を作ることができます。

◉ 「変えられないもの」は受け入れて、現実的な対処策を

　例えば、「在宅ワーク中、子どもがうるさくて仕事に集中できずにストレス」「子どもたちの学校でウイルス感染が起きないか不安」など、在宅ワークや感染が拡大するといった状況は、自分の力だけでは変えられません。変えられないことに対して嘆いても、ストレスや不安感は軽減されません。

　ストレスや不安の対象が「変えられないもの」であれば、状況を受け入れた上で他にできることを探しましょう。

　在宅ワークなら、納戸に自分のワークスペースを作る、2時間早起きして子どもが寝ているうちに重要な案件に取り組むなど、少しでも仕事に集中できる環境作りができないか考えます。

　感染症の流行についても、人混みを避け、手洗いうがいを励行してマスク着用で登校させるといった現実的な対処策をとります。地道な行動を着実に積み重ねることが、ストレスや不安感の軽減につながります。

❶抱えているストレスや不安を2つの視点で整理する

❷4つに整理したらとるべき行動を決める

■ ストレス・不安ログの例

	変えられる	変えられない
重要	**1　変えられる／重要** 例：休日も関係なく、子どもが友達を毎日連れてくるのがストレス ➡「せめて週3回までにしてほしい」と子どもに伝える ➡公園で遊んでもらう 例：子どもが朝食をほとんど食べない不安 ➡食べやすい一口おにぎりを用意 ➡好きなおかずを用意	**3　変えられない／重要** 例：子どもがうるさくて在宅ワークに集中できないストレス ➡自分のワークスペースを作る ➡早起きして静かな時間に仕事をする 例：子どもが感染症にかからないか不安 ➡人ごみを避ける ➡手洗い、うがい、マスク着用を励行
重要でない	**2　変えられる／重要でない** 例：ネット回線の通信速度が遅くてストレス ➡今後オンライン会議が増えそうなら、通信サービス契約を見直す 例：義母から毎日届くラインがストレス ➡返事を要求される頻度が増えたら「毎回は返信できない」と伝える	**4　変えられない／重要でない** 例：ママ友の噂話のストレス ➡かかわらない 例：不安をあおるSNSの子育て情報 ➡見ない ➡フォローをはずす

親子でやってみよう！

　子どもが自分の感じているストレスや不安を上記の4つに整理するのは、少し難しいかもしれません。変えられない状況であっても、「変えられるはずだ」と信じて疑わないケースもあるでしょう。

　「変えられるはず」と信じる気持ちは否定せず、「もし、自分で変えられなかったら、他にどんなことができると思う？」と仮定の話として考えさせたり、子どもができそうな行動を提案したりしてみてください。

心広げるマジック11：
自分史フォーマットで見つける私の「べき」

● 人生を振り返って自分の「べき」を見つけ出す

　イライラの正体である「べき」は、育った家庭や学校生活、職業経験など自分の人生経験から作られると書きました。これまでの人生で印象に残っている出来事や、怒りの感情を抱えた経験などを書き出すと、自分が大事にしている価値観がどのようにして育まれたのか、自分を苦しめるイライラの根本が何なのかが見えてきます。

● プラス面とマイナス面から読み取る「べき」

　自分史フォーマットを書いてみましょう。横軸は年齢、縦軸は人生に起きた出来事のプラスとマイナスの度合いです。**自分に大きな影響を与えた出来事、何十年も忘れられずにいる経験（誰かに怒られたことなど）、大きな怒りを感じた出来事などを、それぞれの度合いとともに記入する**と、自分の価値観が浮き彫りになります。

　例えば、「息子が勉強でもスポーツでもすぐに弱音を吐くのがとても嫌だ」というママが自分史を書いてみると、「つらい状況でも努力はするべき」「最後まで諦めるべきではない」「物事はプラスに捉えるべき」といった価値観が見えてきました。

　高校時代の部活動で「最後まで諦めるな！ 粘れ！」と毎日コーチに言われ、それを貫いたことにより試合で逆転勝利を勝ち取ったことが書かれていました。**成功体験に基づく価値観は、より強固**になります。また、仕事で後輩が「できない」と弱音を吐いたときに、思わず感情的に怒ってしまったことが書かれていましたが、それは自分にとって重要度の高い「べき」に触れたからでしょう。自分史を振り返ると、自分がどんな言動や出来事にイライラしやすいのかがわかります。

やり方とポイント

❶ 下図のような自分史フォーマットを用意する
❷ 人生に影響を与えた出来事をプラス・マイナスの度合いとともに記入
❸ 記入した出来事から読み取れる、自分の「べき」を知る

■ 自分史フォーマットの例

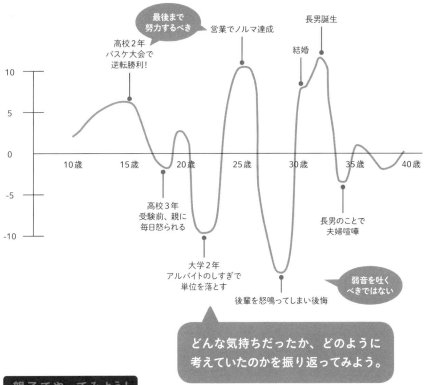

どんな気持ちだったか、どのように
考えていたのかを振り返ってみよう。

親子でやってみよう!

　子どもは、ママに比べれば人生経験が少ないですが、これまでにあった
「とても嬉しかったこと」「すごく嫌だったこと」などを聞いていくと、色々
と出てきます。「べき」や子どもが大切にしている価値観や、それがイライ
ラの原因となっていることなどを垣間見ることでしょう。時間があるとき
に、親子で話し合いながら書き出してみてください。

心広げるマジック12：
心を緩めるストレッチ

◉ 体の緊張をほぐしてリラックス

「頭に血がのぼる」「怒り心頭に発する」「目を吊り上げる」「腹が立つ」など、怒りを表す言葉には体の部位がよく入っていますが、それはイライラすると体にも変化が生じるからです。

心と体は密接につながっていて、イライラしているときには体も反応しています。交感神経が優位になり、心拍数や血圧が上昇し、体に力が入ります。イライラしやすい人や怒りを溜め込んでいる人は、肩や首まわり、肩甲骨など上半身の筋肉がガチガチに強張っていることも多いです。

ストレッチで筋肉の緊張をほぐすと、**体も気持ちも緩んでリラックス**することができます。ストレッチは、健康管理のひとつとして実践している方も多いかもしれませんが、精神面にも大きなメリットがあります。

◉ いつでもどこでも手軽にできる

ストレッチは、イラッとしたときにいつでもその場で簡単に行うことができます。「家事の合間に」「お風呂に入って」「寝る前に」など、1日の中でストレッチをする時間帯を決めておくのもいいでしょう。

ストレッチが習慣化されると、自分の体の変化にも敏感になります。イライラやストレスが溜まりそうなときに意識的に取り組み、気持ちも体調も悪化させずにすむでしょう。

ストレッチ以外に、ラジオ体操、ヨガ、ピラティス、ウォーキングなどの有酸素運動でも同様の効果が得られます。激しい運動ではなく、ママがリラックスできるものに取り組んでみてください。**自分の体と向き合い、労わる時間**になることでしょう。

❶ 首の付け根を伸ばすように、ゆっくりと回す

❷ 肩を大きく回す（前回し・後ろ回し）

❸ 左右の手を組んで上に向かって伸ばし、そのまま右や左に倒す（脇腹を
　伸ばす）

力が入りやすい肩や首まわりを中心にストレッチ。
心地よいと感じる程度に動かそう。

親子でやってみよう！

　子どもにストレッチをさせるというよりは、ママが子どもを抱っこしな
がらスクワット、子どもに背中を押してもらいながら前屈、YouTubeを観
ながら一緒にストレッチなど、親子で一緒に行う時間を持つことが大事で
す。スキンシップにもなり、親子ともに気持ちを安定させることができま
す。日頃から体を動かす習慣を作っていると、イライラを溜めにくい体質
になります。

心広げるマジック13：
イライラを減らすリラックスメニュー

◉ 「ママがリラックスできる状況」を知る

イライラを溜め込まない工夫のひとつが、日頃からママがリラックスできる状況を作ることです。それにはまず、**「自分がどのような環境や状況ならリラックスできるのか」を知る**必要があります。

あなたは、どのような環境・時間帯・空間・人・アイテム・香り・音などがあると、気持ちがリラックスするでしょうか。コーヒーの香りに癒される人もいれば、それを不快に感じる人もいます。一人の時間が落ち着く人もいれば、家族と一緒にいる時間が癒しになる人もいます。

とくにママは、つい家族を優先して自分のことを後回しにしがちです。自分が何を心地よいと感じるか、自分の感覚や気持ちを大切にしてあげてください。

◉ リラックスメニューを作ろう

ママがリラックスできる条件がわかったら、リラックスメニューを書き出しましょう。「家庭でできること」「屋外でできること」「5分あればできること」「2時間あればできること」「半日かかること」など、**実施環境や所用時間別にメニューを作っておきます。**

イライラを感じたら、そのときにできそうなリラックスメニューに積極的に取り組むようにしてください。メニューは、ママがいつも持ち歩く手帳やスマートフォンにメモしておくといいでしょう。

日頃から自分を心地よい状態、リラックスできる状態にしておくことで、イライラにつながるマイナス感情も溜まりにくくなります。

❶自分がリラックスできる状態を書き出す

❷❶をもとにリラックスメニューを考える（場所や所要時間で整理）

❸イライラやストレスが溜まってきたら、リラックスメニューに取り組む

■ リラックスメニューの例

> 私がリラックスできるのは……？
> カフェで読書している時間／ラベンダーの香り／アロママッサージ／海／ヒーリングミュージック、など

時間	家	外
5分	・アロマを焚く ・ヒーリングミュージックを聴く ・海の映像を眺める	・アロマオイルを垂らしたハンカチで香りをかぐ ・自分でツボ押し
2時間	・アロマを焚いてセルフマッサージ ・ベランダで読書	・近所のカフェに行く ・ウォーキング
半日	・実家に帰って親と過ごす	・海までドライブ ・アロママッサージに行く ・図書館で本を借りてカフェで読む

親子でやってみよう！

　子どものリラックスメニューも考えてみましょう。好きな遊びや、お気に入りのぬいぐるみや毛布などの持っていると落ち着くもの、没頭しているもの、何度もやりたがること、行きたがる場所などを本人から聴き取ってリストを作成しておきます。子どもがイライラしたときにリストを見せて、「何かやってみる？」と聞くと、気持ちを切り替えやすくなります。

イライラのきっかけ探し「怒りスイッチログ」

● ママの「怒りスイッチ」を知る

何かのきっかけでイライラが急上昇する「怒りスイッチ」は、誰にでもあります。子どもの反抗的な態度に腹を立てて怒るママは少なくないですが、その背景には「親の話は聞くべき」「親を敬うべき」「親に失礼な態度をとるべきではない」といったママの「べき」があります。

では、ママは何をきっかけに、子どもが「べき」に反したと感じたのでしょう？　引き金は、子どもが発した「言葉」や「表情」「仕草」などです。ここに「ママの怒りスイッチ」があります。

子どもが発した「知らない」という言葉に「知らないはずないでしょ！」と言い返したり、子どもがついた「ため息」に過剰反応して、「何？　親を馬鹿にしてるの？」と決めつけてしまうようなケースです。

子どもとしては、本当に知らないから「知らない」と言ったのかもしれないし、疲れていてたまたま深いため息をついただけかもしれません。しかし、ママの怒りスイッチが「ため息」であった場合、子どもの事情にかかわらず、ため息をつく姿を見ただけで反射的に怒ってしまいます。

こうした事態は、ママが**自分の怒りスイッチを知っておくことで回避できます。**

怒りスイッチは、アンガーログ（P98）やべきログ（P100）から見つけられます。これらのログを見直すと、自分が日頃どんなことで怒っているか、どんな「べき」を持っているのかがわかり、引っかかりやすい言葉や過剰反応してしまう仕草や行為など、怒りスイッチをあらかじめ知ることができます。

怒りスイッチには正解も不正解もなく、大事なのは自分で知っておくことです。そうすれば、子どもの「ため息」を目にしてイライラしそうになっても、「これは私の怒りスイッチだ」と冷静になることができます。

❶「アンガーログ」や「べきログ」を振り返り、怒りのきっかけになった スイッチ（言葉や態度、仕草など）を見つけてメモ帳に書き出す
❷イライラしたら、「自分のどんな怒りスイッチが入ったのか」を考える

怒りスイッチが自分 や家族を苦しめてい る場合は、「スイッチ が入ったときにどん な行動をとれば建設 的か」を考える。

親子でやってみよう！

　子どもが家で怒るときのパターンを一緒に振り返ってみます。

　例えば、兄弟喧嘩が勃発するきっかけに何か傾向がないでしょうか。ご 飯を一番先に食べ終わった兄が発する「一番〜！」という言葉が弟の怒り スイッチになっている場合、「一番！」＝「負けた、自慢された、ケンカを 売られた、馬鹿にされた」という図式でイライラが生まれているかもしれ ません。

　子どもの怒りスイッチがわかれば、「一番に食べ終わらなくてもいいんだ よ。負けたことにはならないよ」と伝えることができます。また、「『一番』 って言われると嫌な気持ちになるんだね」と伝えれば、子どもも自分のス イッチに気づくことができます。子どもの怒りスイッチが入ったとしても、 ママは「この子のスイッチが入ったんだな」と受け止めれば、その**イライ ラに巻き込まれずに冷静に対処できる**でしょう。

心広げるマジックも
試してみました

アンガーログを
つけたところ

同じパターンでの
イライラが
多いことに
気がつきました

しーちゃん

休みの日は
早く目が覚める

イライラ

おなかが
すく

なぜか
おきちゃうの

おなか
すいた〜

ママ

休みの日は
ゆっくり眠りたい

起こされて

イライラ

おなか
すいた〜

6:45

そこで休みの日には
このような手紙を
用意することに…

れいぞうこに
ヨーグルトと
バナナが入ってます
食べていいよ!!
8時まで
ねかせて♡
ママより
今日は
なかよくしようね〜

ふわ〜
よく寝た♡

モグ
モグ

イライラを
予防することで
穏やかに過ごせる日が
増えました♪

第6章

シチュエーション別
ママと子どもの
「イライラしない」かかわり方

この章では、実際にあったママのお悩みに答える
形でアンガーマネジメントの活用方法を解説しま
す。よくあるイライラの場面に対して、いくつか
のスキルを紹介していますので参考にしてみてく
ださい。(紹介したスキル以外の「6秒マジック」
や「心広げるマジック」でもアプローチ可能です)

朝起きない子どもにイライラ!

　毎朝、子ども（小学3年生・男子）が起きなくて困っています。「起きなさい！」と声をかけても「うん」と返事をするだけで全く起きる気配がありません。何度も言い続けていると、そのうち逆ギレして「うるさい！」と反抗します。学校に遅刻されては困るので起こしていますが、朝からイライラが止まりません！

試してみよう！

① 深呼吸で朝の空気を感じよう

➡ P68　スーハー深呼吸

② 何かひとつ、いつもと違うことをしてみよう

➡ P106　イライラの型を崩す「ブレイクパターン」

③ 何時までに起きてほしいか伝えよう

➡ P54　境界線を子どもに伝える

スキル①　深呼吸で朝の空気を感じよう

　ママのお悩みで多いのが、朝、なかなか起きない子どもへのイライラです。カッとなって「早く起きなさい！」とイライラが前面に出るのを防ぐために、その瞬間、その場で呼吸を整えましょう。朝の清々しい空気を深く吸い込むことで、心身ともに興奮した状態からいち早く冷静になることができます。

スキル②　何かひとつ、いつもと違うことをしてみよう

　「朝起きない」といったシチュエーションは、毎朝繰り返されがちなパタ

ーンです。それなら、ママの行動を変えてみることで、イライラパターンを壊しましょう。

例えば、「子どもが寝た後にカーテンを開け、朝日が入るようにしておく」「目覚まし時計をベッドから遠い位置に置く」「朝、子ども部屋の窓を開けて外気を入れる」「起こすときに音楽を流す」などの環境面を変えるのもひとつの方法です。

「朝だよ、おはよう！」「いい表情していたけど、楽しい夢でも見た？」「パンが焼けたよ」「見て！　雪だよ！」など、指示・命令口調ではなく、肯定語や五感を刺激する声かけに変えてみることで、起きた後のよいイメージを持たせる方法などもあります。

ママが面倒に感じない、ママの負担にならないことを、まずひとつだけやってみるのがポイントです。

スキル③　何時までに起きてほしいか伝えよう

「理想は何時までに起きてほしいのか」「遅くても何時まで起きれば許せるのか」「絶対に許せない起床時間は何時なのか」など、ママの三重丸の許容範囲を考えます。この三重丸が明確でないと、イライラに振り回されてしまうからです。

「寝坊しても、せめて7時半までには起きてね。それ以降は朝食を食べる時間がなくなるからダメよ」と、ママの境界線を具体的に言葉で説明しましょう。

朝の身支度が遅い子どもにイライラ!

うちの子(小学1年生・女子)は朝が弱いのか、顔を洗ったり着替えたりする時間がとても長いんです。布団でゴロゴロしたり、支度の途中で本を読み始めたり、洋服をどれにするか迷ったり……。ダラダラ用意をする子どもにイライラしています。「早くしなさい!」「何で今、本を読むの?」「だらしないんだから!」と朝から小言を言わなければならない状況が嫌です!

試してみよう!

① 呪文を唱えて自分を落ち着かせよう

➡ P66　落ち着く「呪文」を唱えよう

② 怒り方を変えれば子どもの反応も変わる

➡ P114　憧れの人を演じて「怒り上手」に

③「私メッセージ」で伝えよう

➡ P58　伝え方を身につける

スキル① 呪文を唱えて自分を落ち着かせよう

限られた時間の中で、子どもに身支度をさせて送り出さなければいけない──朝は、多くのママがイライラする時間帯です。余裕のなさから、つい感情的に子どもを怒鳴ったり、小言を言い続けてしまったりすることもありますよね。

1日の始まりである朝は、できれば気持ちよく過ごし、家族を笑顔で送り出したいものです。子どもへの小言が出そうになったら、まずは**自分を落ち着かせる呪文を唱えてクールダウン**しましょう。「リラックス上手、リ

ラックス上手」「こんな日もある」など、イライラをポジティブな気持ちに変換できるような呪文もおすすめです。

スキル②　怒り方を変えれば子どもの反応も変わる

　慌ただしくしているときは、どうしても感情的に怒りやすくなります。どうせ怒るなら、ママが憧れる「素敵なあの人」になりきって怒ってみましょう。

　例えば、「いつも笑顔で素敵なママ友」を演じてみる。その表情、声のトーン、語りかけるような口調を真似してみると、言うことはいつもと同じなのに、より落ち着いて伝えることができます。「怒り方を変えたら子どもの反応が変わった」というのは、ママたちからよく聞きます。

スキル③　「私メッセージ」で伝えよう

　イライラすると、「(あなたは)準備に時間がかかりすぎ!」などのように子どもを主語にした「相手メッセージ」を言ってしまいがちです。責められた子どもは、つい反射的に言い訳したくなったり、反発したくなったりするものです。

　伝えたいことは、**ママを主語にした「私メッセージ」**を使いましょう。「片付けができないと困るから、7時半までに食べ終わってほしいの」など、ママのリクエストや気持ちを伝えてみましょう。

　また、リクエストを伝えるときは、変えられない子どもの性格や体質ではなく、態度や行動を変えてほしいと伝えるようにしてください。

何でもやりたがる主張の強い子どもにイライラ!

　日頃から自己主張が強く、何でも「やってみたい!」と言う娘（年長）。私が台所に立つと「私も作りたい」と主張します。好奇心旺盛なのも、手伝おうとしてくれるのも嬉しいのですが、包丁の使い方がまだ危なっかしく、怪我するのではないかと心配。やる気があるのはいいことだと思う半面、忙しいときは要求の多い娘にイライラが募ります。

試してみよう!

① まずは、笑顔で受け止めてあげよう

➡ P88　口角アップでご機嫌脳へ

② クッキングタイムは「穏やかママ」にチャレンジ!

➡ P112　24時間チャレンジ「穏やかなママ」

③ やっていいこと・ダメなことを決める

➡ P52　「怒る・怒らない」を決める

スキル①　まずは、笑顔で受け止めてあげよう

　子どもの「やりたい!」は、とても大切な欲求です。その気持ちを上手に伸ばせば、子どもの主体性を引き出すことができます。とはいえ、忙しいママは、いつでも子どもの要求に応えられるわけではありません。

　余裕がない状況で、子どもの要求に思わずムッとしてしまいそうなときは、まずは口角アップで笑顔を作り、「〜がやりたいのね」と子どもの希望をいったん受け止めましょう。

スキル② クッキングタイムは「穏やかママ」にチャレンジ!

　毎回は無理でも、子どもの「やりたい」を尊重できるときは、ママもその時間を一緒に楽しみましょう。料理に対する興味がとくに強いなら、「クッキングタイムだけは穏やかに振る舞う!」と決めてみてください。

　24時間穏やかにすることは無理でも、内心イライラしていたとしても、「この時間だけ」と決めれば穏やかな対応がしやすくなります。子どもの安全に気を配りながら、落ち着いて料理を楽しむこともできるでしょう。

スキル③ やっていいこと・ダメなことを決める

　穏やかな対応で子どもの「やりたい!」を伸ばす一方で、危険なことをしっかり伝えておくのも親の役目。子どもの要求を尊重するあまり、何でも許してしまうと、やめてほしい行動がエスカレートする場合もあります。許せる範囲と許せない範囲の行動はそれぞれどのようなものなのか、毅然と伝えてください。

　例えば、「やってもいいのは、調理ハサミを使って野菜を切ること、子ども用の包丁を使うこと、ママと一緒に包丁を使うこと」と伝えれば、子どももどうすればいいのかがわかって安心します。

　ダメなことを教えるときは、「一人で大人用の包丁を使うのはダメだよ。あなたの手のサイズには大きすぎるし、怪我をするかもしれないから」と理由とセットで伝えましょう。

　やっていいこと・ダメなことを明確にしておけば、**子どもはルールを守りやすくなります**し、ママもイライラに振り回されなくなります。

毎日繰り返される兄弟喧嘩にイライラ!

わが家では毎日、息子たち(小学2年生と年少)の喧嘩が絶えません。「僕の本を勝手に読んだ」とか「背中を押してきた」など、きっかけは些細なことばかり。喧嘩が始まると「○○がこんなことをした!」といちいち報告してきたり、「ママが怒ってよ!」「ママ助けて!」と私に助けを求めてきたりするので、巻き込まれるたびにイライラしてしまいます。

試してみよう!

① いったん、子どもたちから離れよう

➡ P78　その場を離れよう

② 心に溜まったイライラを風船で飛ばそう

➡ P92　風船でイライラバイバイ

③ 嫌だと感じるストレスを整理しよう

➡ P116　マイナス感情を溜めない「ストレス・不安ログ」

スキル① いったん、子どもたちから離れよう

毎回、ママが「兄弟喧嘩をやめさせなければ」と思う必要はありません。目の前で繰り広げられる喧嘩にイライラしたら、あえて介入しないと割り切ることもひとつの選択です。

「玄関の掃除をしてくるね」と子どもたちに一言伝えて、その場をいったん離れるだけで、ママも気持ちをリセットできます。ママがその場からいなくなることで、子どもたちが冷静になることもあります。

もし、子どもが暴力などのNG行動に出てしまったら、親子で一緒に外へ出て落ち着きましょう。

スキル② 心に溜まったイライラを風船で飛ばそう

イライラの矛先がお互いを向いているときは、風船を使って気持ちを切り替えるのも効果的です。「そのイライラ、風船に入れてごらん」と子どもたちに風船を渡してみてください。

感情が高ぶっているときは体にも力が入っているので、風船に強く息を吹き込めます。息と一緒にイライラした気持ちを吐き出すことで、心がスッキリして落ち着くでしょう。膨らませた風船で子どもたちが遊び始めると、さっきまで喧嘩していたのが嘘のように仲良くなっていることもあるから不思議です。

スキル③ 嫌だと感じるストレスを整理しよう

お互いが「何を一番ストレスに感じているのか」を、一緒に整理してあげましょう。

例えば、兄は自分の本や文房具を勝手に使われるのがとても嫌なのに、弟に何度言ってもやめてくれないという場合は、勝手に使われない「仕組み」や「ルール」を親子で一緒に考えてみます。

本当に使ってほしくないものは、専用の引き出しに入れて鍵をかける、ママが預かる、「読みたいときは借りていいかどうか聞くこと」と書いた紙を本棚に貼っておくなど、現実的な対応策を考えて実行してみましょう。

宿題を後回しにする子どもにイライラ!

　子ども（小学1年生・女子）が学校の宿題にすぐ取り組もうとしません。「宿題やりなさいよ」と声をかければ「わかってる!」「今やろうと思っていたのに」と言うくせに、ダラダラとおやつを食べたり、動画やテレビを観たり、友達の家に遊びに行ったりと、一向に取り掛かろうとしません。寝る前になって慌ててやり始める姿にイライラします。

試してみよう!

① 注意したくなったら頭の中で引き算しよう

➡ P70　頭の中で引き算しよう

② ママの「べき」を考えてみよう

➡ P100　イライラの正体を知る「べきログ」

③ ママのリクエストを具体的に伝えよう

➡ P58　伝え方を身につける

スキル① 注意したくなったら頭の中で引き算しよう

　「また、やってない!」と、宿題に取り掛からない子どもに感情的に注意するのは逆効果。まずはママの気持ちを落ち着かせるために、頭の中で引き算しましょう。引き算で数が小さくなるにつれ、イライラの度合いも小さくなっていきます。「頭ストップ作戦」（P64）や「スーハー深呼吸」（P68）など他の6秒マジックでもかまいません。

スキル② ママの「べき」を考えてみよう

　少しクールダウンできたら、イライラの正体であるママの「べき」を考

えてみましょう。

　「帰宅したら、すぐに宿題に取り掛かるべき」「やろうと思っているなら、5分以内にやるべき」「宿題が終わってから、好きな動画を観るべき」「夕飯前には宿題を終えておくべき」「寝る前に慌てて取り掛かるべきではない」……ママには色々な「べき」があることがわかります。

　これらの中で、ママにとって一番重要度の高い「べき」を選び、それを次の **スキル③** の方法で子どもに伝えてみてください。いくつもの「べき」を並べて怒るより、一番守ってもらいたい「べき」ひとつに絞ったほうが、ぐっと子どもに届きやすくなります。

スキル③ **ママのリクエストを具体的に伝えよう**

　このママの場合、一番重要なのは「夕飯前に宿題を終えておくべき」でした。ですが、「早く宿題しなさいよ！」「何でやらないの!?」「夕飯までに終わってなければご飯抜きよ！」などの指示・命令口調、責めるような表現、脅迫めいた言い方では、子どもは素直に受け止めにくいでしょう。

　「夕飯ができる6時までには宿題を終えておいてね」のように、**いつまでに、何をするのか、具体的なリクエスト**として、ママの一番大事だと思う「べき」を伝えてください。

指示・命令口調
責める・強迫するような言い方

・早くしなさい！
・何でやらないの?!
・夕飯までに終わってなければご飯抜きよ！

➡

具体的なリクエスト

夕飯ができる6時までには宿題を終えておいてね

8時までに寝ようとしない子どもにイライラ!

8時までには布団に入るようにと繰り返し言っていますが、娘（小学3年生）は毎晩時間になっても家の中をウロウロ。「毎日言わせないで!」と、つい強い口調で怒ってしまいます。何度も同じことを注意し続けているのに子どもの状況が変わらないときは、どうしたらいいですか？

試してみよう!

① 自分を応援する言葉で落ち着こう
→ P90　応援言葉で気持ちを上げる

② ママの「べき」を書き換えよう
→ P108　3つの箱で「自分の考えチェンジ作戦」

③「どうしたらいい?」とこれからのことを聞いてみよう
→ P58　伝え方を身につける

スキル① 自分を応援する言葉で落ち着こう

できれば、おやすみ前の時間はガミガミ怒鳴ることなく静かに過ごして、1日を終えたいものですよね。まずは、「今日もよく頑張った!」など、自分を励ますような言葉をかけて、気持ちを静めてから子どもと向き合いましょう。

スキル② ママの「べき」を書き換えよう

何度言っても状況が変わらないのは、自分の理想とする「べき」のレベルが高すぎたり、頑なに握りしめている価値観だからかもしれません。子どもにとってハードルの高い「べき」を押し付けていると、なかなか状況

が変わらないので、ママはずっとイライラし続けることになります。

自分の「べき」を書き出して、**子どもが自分で守れるような「べき」への書き換え**を検討してみましょう。

例えば、「毎晩8時までに寝るべき」なら、「8時半に寝たとしても睡眠不足にはならない」「今の生活リズムで8時就寝が厳しいなら、9時までに布団に入れたらいいかな？」「子どもは私ともっとかかわりたいのかもしれない」というように、「べき」を書き換えることで、ママも子どもも気持ちがラクになる選択ができます。

スキル③ 「どうしたらいい？」とこれからのことを聞いてみよう

アンガーマネジメントは、イライラする問題の「原因」や「過去」ではなく、「解決策」や「未来」に焦点を当てて考える解決志向アプローチです。

何度言っても変わらない子どもに対して、「この前も言ったよね！」と過去のことを持ち出すのではなく、次回からの行動や態度を改めてもらうために「明日からは、どうすればいいと思う？」と**未来に目を向けて考えられる質問**をしましょう。

本人が考えて決めた解決策であれば、納得して実行できるものです。実際に、「寝る10分前に、布団の上でママとカードゲームをする」など、子どもから解決策を提案してくれることもあります。

些細なことで怒ってしまう自分にイライラ!

　私は怒りの沸点が低いのか、些細なことでもイライラして激昂してしまいます。ママ友グループでお出かけしたときに、電車の中で子どもたちが騒いだので私は息子（年長）に怒鳴りました。でも、他のママ友は「やめようね」と穏やかに諭すだけ。「私だけが怒りっぽいママだ……」と落ち込んでしまいました。キレにくくなる方法はありますか?

試してみよう!

① いろんなイライラに温度をつけてみよう

➡ P74　怒りの温度づけ

② 気持ちが落ち着くアイテムを用意しておこう

➡ P122　イライラを減らすリラックスメニュー

③ お出かけ前にやめてほしいことをリクエスト

➡ P58　伝え方を身につける

スキル① いろんなイライラに温度をつけてみよう

　お悩みのママは、怒りの強度が高いタイプの方のようです。怒りの強度が高いと、まるで火山が爆発したかのようにイライラの勢いが止まらず、必要以上に怒鳴ったり、自分自身で怒りを増幅させたりしてしまいます。これでは「穏やかに諭す」ということができません。

　そんなママにおすすめしたいのが、怒りの温度づけ。強度が高い人の場合、怒りの温度が「0か、10か」と極端になりがちです。心の中で「今のイライラは5」「今のは8」とより詳細に温度づけすることで、自分のイライラを客観視でき、怒る必要のあることと、怒る必要のないことが仕分け

られるようになります。

　温度づけの習慣は、自分の気持ちのちょっとした変化を正確に捉えることにもつながります。「これは爆発しそうだな」という状態に、自分でいち早く気づけるようになると、いきなり怒鳴るようなことも減らせるでしょう。

スキル② 気持ちが落ち着くアイテムを用意しておこう

　イライラスイッチが入りやすい自覚のある方は、自分がリラックスできるメニューを日頃から用意しておきましょう。スキル①の温度づけをやると、自分がどんな場面で強く怒りやすいのかがわかります。

　例えば、公共マナーについてイライラしやすいとわかったら、電車に乗るときにできるリラックスメニューをあらかじめ考えておきましょう。「お気に入りの香りをスプレーしたマスクをつける」「低反発素材のキーホルダーを触る」など、携帯できるアイテムを利用するのもおすすめです。

スキル③ お出かけ前にやめてほしいことをリクエスト

　お友達とのお出かけが嬉しくてつい騒いでしまうのは、子連れの外出で起こりがちなことです。「電車内で話すときはヒソヒソ声にしようね」と、子どもに守ってもらいたいことを事前に伝えておきましょう。

すぐ泣きだす子どもにイライラ!

　うちの息子（小学1年生）は、怒るとすぐに泣きだします。この前も学校からの手紙をずっとランドセルに入れたままにしていたので怒ったら、泣きだして言い訳を始めました。「泣くのはやめなさい！」と叱ればさらに大泣き。夫からは「そんなに怒らなくてもいいじゃない」と言われ、まるで毒親扱いでイライラします。

試してみよう！

① 落ち着けサインで安心させよう

➡ P86　「体トントン」で落ち着けサイン

② イライラの引き金は何か考えよう

➡ P124　イライラきっかけ探し「怒りスイッチログ」

③ 子どものマイナス感情に寄り添う

➡ P36　「自分の本当の気持ち」を教えてくれる

スキル①　落ち着けサインで安心させよう

　泣いて気持ちが高ぶっている子どもとは、冷静に話し合うことができません。「泣くな！」と言いたくなる気持ちをおさえて、子どもの背中や肩を優しくトントンと叩いて落ち着けサインを送りましょう。子どもが抱えている「悲しい」「不安」などのマイナス感情を減らすことができます。

　落ち着きを取り戻したら、まずは子どもの話をよく聞いてあげましょう。

スキル②　イライラの引き金は何か考えよう

　このケースでママに考えてほしいのは、「すぐ泣く子どもをどうにかした

い」ということよりも、「私はなぜ、子どもが泣く姿にイライラするのだろうか？」ということです。

イライラの引き金は「息子の涙」かもしれないし、「言い訳」かもしれません。自分の怒りスイッチに向き合ってみると、「人前で泣くべきではない」「男は強くあるべきで、涙を見せるべきではない」「泣く前に謝るべき」など、自分の譲れない価値観が見えてくるかもしれません。

それに気づけば、「これは私の怒りスイッチなんだ」と冷静に捉えられるようになります。

スキル③ 子どものマイナス感情に寄り添う

「泣く」のは表現方法のひとつで、イライラした気持ちを泣くことで表現する子どももいます。泣いてしまうほどのイライラの裏には、言語化できないマイナス感情が隠れています。「泣いたらダメ」と言われて育った親御さんほど、子どものマイナス感情を受容できずにイライラしてしまうことがあります。

「いきなり怒られてびっくりしたのね」と、**ママが子どものマイナス感情を代弁して寄り添う**ことで、子どもは自分の本当の気持ちに気づき、わかってもらえた安心感が生まれ、イライラを落ち着かせることができます。

野菜嫌いの子どもにイライラ!

　食物アレルギーはないのですが、子ども（年中・男子）の偏食がひどくて困っています。とくに緑色の野菜が嫌いで、一切口に入れようとしません。先輩ママからは「そのうち食べられるようになるから、無理強いしないほうがいい」とアドバイスされましたが、栄養が偏るのではないかと心配です。献立を考えるのも、外食時にいちいち確認するのも負担になっています。

試してみよう!

① ママが食べられるようになった瞬間を思い出そう

➡ P80　「できる私」にインタビュー

② 状況を変えるために、できることからやってみよう

➡ P104　状況を変える「変化ログ」

③ いつもの食事を何かひとつだけ変えてみよう

➡ P106　イライラの型を崩す「ブレイクパターン」

スキル①　ママが食べられるようになった瞬間を思い出そう

　健康や発育が気になるからこそ、子どもの偏食にイライラするものです。とはいえ、「苦手なものを食べられるようになった経験」は誰にでもあるのではないでしょうか。

　ママには苦手な食べ物がありませんでしたか？　ある日突然、それを食べられるようになって嬉しかった瞬間を思い出してみましょう。「子どももいつか食べられるようになる」と思えたら、無駄にイライラしないですみます。

スキル②　状況を変えるために、できることからやってみよう

　ママは偏食気味の子どもに、どうなってほしいですか？「野菜に興味を持ってほしい」「野菜は体をつくる上で大切な栄養素であることを知ってほしい」「食事を好きになってほしい」など、ママの願いがあると思います。

　「なってほしい姿」を考えたら、変化ログでできることを書き出します。

　例えば「野菜に興味を持ってほしい」なら、ベランダのプランターで野菜を育てる、室内で水耕栽培をする、畑で収穫体験をさせるなどが考えられます。

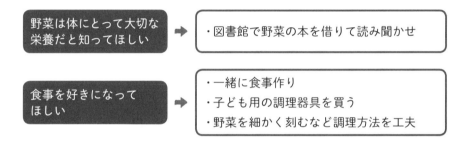

　できることを考えたら、すぐに取り組めるものからやってみましょう。「嫌い」から「好き」に状況が変わるかもしれません。

スキル③　いつもの食事を何かひとつだけ変えてみよう

　いつもの食事を何かひとつ変えてみると、子どもの「食べたい」欲求が刺激されることがあります。

　例えば、夕飯の時間を1時間遅らせてお腹を空かせた状態にする、野菜の副菜だけを最初に食卓に出す、お友達と一緒にご飯を食べる、ベランダで食べる、BGMをかける……というように、時間や環境などを何かひとつ変えてみてください。

ピアノの練習をしない子どもにイライラ!

　娘（小学5年生）は将来、音楽の道に進むことも考えているようですが、その割にはあまりピアノの練習をしません。私が「練習しなさい」と言うと、「今やろうと思ってたのに！」と反抗してきて毎日親子喧嘩に。ピアノを弾くこと自体は好きなようですが、私が声をかけないと練習しない日もあります。そんな娘にイライラします。

試してみよう!

① ママの理想の1日を考えてみよう

➡ P82　理想の1日を描く「ミラクルデイ・エクササイズ」

② 理想に近づくための行動をスモールステップで決める

➡ P104　状況を変える「変化ログ」

③ 子どもに自分が主人公の物語を書いてもらおう

➡ P110　自分の物語を作る「セルフストーリー」

スキル① ママの理想の1日を考えてみよう

　ピアノの上達には、毎日の練習の積み重ねが大事ですね。もし、今抱えているイライラが解決したら、ママの理想の1日はどのような状態かイメージしてみてください。

　「娘がピアノの練習をしていなくても、私はイライラすることなく、娘と楽しくピアノの話をしている」——そんな理想の1日を描けたら、これまでの1年を振り返って、理想の1日に一番近い日はどのような状況だったか思い出してみます。

　「発表会の前は、娘と毎日ピアノの話で盛り上がっていた」とわかれば、

何か具体的な目標を持つことで親子ともに前向きな気持ちでいられると気づくかもしれません。現状と理想の1日のギャップを埋めるために、ママはどのような行動ができるか、「理想に一番近かった日」をヒントに、**スキル②**の変化ログで考えてみましょう。

スキル② 理想に近づくための行動をスモールステップで決める

理想の1日に近づくために「起こしたい変化」と、それに必要な行動をスモールステップで考えます。親子で気持ちが上がるコツや、練習を習慣化させる仕組みなどを思いつくだけ書いたら、できそうなものから取り組みます。

「コンクールなど子どもの目標となるものを探す」「ピアノリサイタルを観に行く」「練習の後はおやつの時間にする」……など、ママが行動することによって、自分がイライラしなくなるだけでなく、子どものやる気に火がつくといった変化も見られるかもしれません。

スキル③ 子どもに自分が主人公の物語を書いてもらおう

子どもに「自分の理想像」を考えてもらい、「理想に向かって進む自分」を主人公にした物語を書いてもらいましょう。ハッピーエンドの未来から「現在」を考えることで、どんなに嫌だと感じる練習も、夢の実現のためのステップだと思うことができ、前向きに取り組めます。

服を脱ぎっぱなしにする子どもにイライラ!

　子ども（小学2年生・男子）が服を脱ぎっぱなしにする状態に、毎日イライラしています。朝起きて脱いだパジャマは子ども部屋の床に、学校から帰宅して脱いだ靴下や上着は廊下やリビングのあちらこちらに落ちていて、それらを探したり拾ったりハンガーにかけたりする手間が煩わしい。「ママは家政婦じゃない！」と怒鳴ってしまいました。

試してみよう！

① 目線を一点に集中して気持ちを安定させよう

➡ P72　その場クギづけ作戦

② 何を解決したいのか? イライラの正体を突き止めよう

➡ 第2章　「イライラ」が教えてくれる8つのサイン

③ できるようになる仕組みを考えてみよう

➡ P104　状況を変える「変化ログ」

スキル①　目線を一点に集中して気持ちを安定させよう

　毎日、脱ぎっぱなしの服を探したり拾ったりしていると、「自分でやってよ！」とイライラが膨れ上がってくるでしょう。そんなときは、目の前の「何か」に集中してみてください。

　ポイントは視点を「何か」に固定することです。「目が泳ぐ」といった表現があるように、気持ちが動揺したときは目線もあちこちに動きます。目線を一点に集中させることで意識もその場にクギづけになり、揺れ動く気持ちを船のアンカーのように留めて安定させることができます。

スキル②　何を解決したいのか? イライラの正体を突き止めよう

ママが感じているイライラのもとは何でしょうか?

服の脱ぎっぱなし	→	・「常に快適な空間を維持したいから、散らかすべきではない」という願望
服を探したり拾ったりすること	→	・「自分のことは自分でするべき」という理想、大切にしている子育て観 ・「毎日拾って洗濯していることに感謝するべき」という願望 ・「しつけができていないと夫に思われる状況をつくるべきではない」という守りたい自尊心

イライラの原因がわかれば、解決の手立てを考えることができます。

スキル③　できるようになる仕組みを考えてみよう

何度言っても状況が変わらず嘆きたいときは、他の方法を試してみましょう。

例えば、**脱いだものを所定の場所に置く仕組み**を考えます。脱いだら入れるパジャマ入れの巾着をベッドサイドにかけておいたり、帰宅後すぐにかけられるハンガーポールを玄関に置く方法などもあります。

また、**洗濯カゴに入っていないものは一切洗濯しない**というのもひとつの方法です。洗濯してもらえなくて困るのは子どもですから、必要に迫られて、自分で洗濯カゴに入れるようになることも期待できます。

ゲームを巡る子どもとの対立にイライラ!

　子ども（小学6年生・男子）とゲームについて言い争うことが多いです。私は、できれば子どもにゲームをさせたくありません。勉強する時間が減るし、もっと外で遊んでもらいたいからです。子どもは学校で友達と約束してくるのか、オンラインで何時間も遊び続けているし、新しいゲームが出ると「買ってほしい」とねだるし……。対立することが多くてイライラします。

試してみよう!

① 自分の考えを書き換えてみよう

→ P108　3つの箱で「自分の考えチェンジ作戦」

②「許せる・許せない」を三重丸で考えよう

→ P54　心の器を広げて怒りにくい考え方を身につける

スキル①　自分の考えを書き換えてみよう

　やみくもに「ゲームはダメ」と強制するのではなく、「なぜ、させたくないのか」を伝え、やるのであれば「何を守ってもらいたいのか」を親子で話し合うことが大切です。親子にとって建設的な考え方になるように、「ママの考え」を書き換えてみましょう。

　右のフォーマットのように書き出してみると、「ゲームはなるべくしてほしくはないけれど、友達と楽しい時間を共有できるコミュニケーションツールのひとつかもしれない」という、**親子にとってお互いにハッピーになれる着地点**を見つけることができます。

イライラを感じる出来事	・毎日ゲームばかりしている ・約束して決めた時間を守らない
イライラにつながる「べき」	・友達とはゲームではなくて外で遊ぶべき ・ゲームを毎日するべきではないし、するなら1時間で終わるべき
「べき」の書き換え	・ゲームも友達とのコミュニケーションツールのひとつかもしれない ・ルールを守ってくれるならゲームをしてもいい

スキル② 「許せる・許せない」を三重丸で考えよう

　自分の考えを見直して「ルールを守った上でゲームをしてほしい」という希望がわかれば、「許せる・許せない」の範囲を三重丸で考えます。

　理想は「オンラインで友達と遊ぶのは平日週に3回、1回1時間まで」。許せる範囲は「オンラインで友達と遊ぶときは、どんなに延びても最長1時間半まで」。許せない範囲は「ゲームで課金をすること」「新しいゲームが欲しくて誕生日やクリスマス以外にもねだること」「1回のゲーム時間が1時間半を超えること」などと整理します。

　そして、この範囲を子どもに伝えて話し合いましょう。**納得できるルールを決めれば、対立を防ぐ**ことができます。

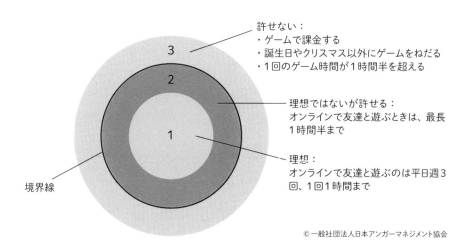

許せない：
・ゲームで課金する
・誕生日やクリスマス以外にゲームをねだる
・1回のゲーム時間が1時間半を超える

理想ではないが許せる：
オンラインで友達と遊ぶときは、最長1時間半まで

理想：
オンラインで友達と遊ぶのは平日週3回、1回1時間まで

境界線

© 一般社団法人日本アンガーマネジメント協会

遊びに夢中で帰りたがらない子どもにイライラ!

娘（年長）は、一度遊びに熱中すると、帰りたがらなくて困っています。保育園のお迎えでも、「まだ遊びたい」と言って帰り支度をしません。公園から帰るときも「あと、もうちょっと」と言ってから1時間、2時間……と平気で遊び続け、最後は大喧嘩しながら無理やり連れて帰ることも。毎回、疲れ果ててしまいます。

試してみよう!

① 遊ぶ前に「許せない範囲」を伝えよう

➡ P52　「怒る・怒らない」を決める

② 子どもに選択させれば、お互いノーストレス

➡ P116　マイナス感情を溜めない「ストレス・不安ログ」

スキル①　遊ぶ前に「許せない範囲」を伝えよう

　子どもが帰りたがらないほど「遊びたい」と思うのは、それだけ夢中になれて、没頭できるものがあるということ。それ自体は素晴らしいことですが、夕飯や就寝の時間を考えると、いつまでも遊ばせるわけにはいきませんよね。

　保育園のお迎えや公園で遊ぶときなどは、「5時には遊びをやめて帰る準備をしようね」「どんなに遅くても5時10分までに帰ろう。『帰らない』と言いだしたら怒るよ」と、**ルールと許せない範囲を事前に伝えて**おきましょう。

　「どんなに遅くても5時10分までに帰る」といった基準を設けたら、いつもそのルールを守り（日によって変えたりしない）、守れなければ怒るようにします。**事前にルールを伝えておくと、子どもは時間を意識する**よう

になります。

スキル② 子どもに選択させれば、お互いノーストレス

　降園時間なのに帰りたがらない子どもに付き合うストレスは、ママのかかわり方によっては「変えられる」ことです。子どもが自分で決めて納得できるような言葉かけをしてみましょう。

　遊び続けようとする子どもに、「5時には帰るよ」と時間を伝えたら、予定時刻になる前から「あと10分よ」などと声かけをします。すると、子どもは帰る時間を意識することができます。

　その際に、子どもが「まだ遊びたい」と主張してきたら、3つまで提案して、子どもに選んでもらいましょう。例えば以下のように、あくまでも「5時に帰ること」を前提とした3つの提案をします。

①あと10分で片付けて「5時」に公園を出られたら、スーパーに寄って帰る
②「5時」に公園を出られたら、一緒にご飯を作る
③出るのが「5時」を過ぎたら、来週は公園で遊ぶのをやめる

　子どもは「○○しなさい」と強制すると反発しますが、**自分で選んで決めれば納得**します。また、選択肢はたくさんあると混乱するので、3つまでにするのがポイントです。

食事のマナーが悪い子どもに毎日イライラ!

　娘（小学2年生）の食事マナーが気になって仕方ありません。「肘をついたらダメ！」「口に食べ物が入った状態で話したらダメ！」「お茶碗はちゃんと持って！」と毎回言っているのに直らず、食事中は常に怒り続けているので疲れます。夫はあまり気にしていませんが、食事マナーも知らない大人になってしまうのではないかと心配です。

試してみよう!

① 否定語や命令口調より、具体的なリクエストを
➡ P58　伝え方を身につける

② 自分を苦しめる「べき」に向き合ってみる
➡ P118　自分史フォーマットで見つける私の「べき」

③「思い込み」や「決めつけ」がないか考えてみよう
➡ P34　「自分の価値観」に気づかせてくれる

スキル① 否定語や命令口調より、具体的なリクエストを

　子どもに食事マナーを身につけてほしい場合、「〜してはダメ」という否定語や命令口調ばかりを繰り返すと、いつも監視やダメ出しをされているように感じて、食事時間が楽しくなくなってしまいます。「口の中の食べ物がなくなってから話してね」と、やってほしいことをリクエストとして伝えましょう。

　また、「ちゃんと」といった曖昧な表現ではなく、「お茶碗は、親指以外の4本の指で下から支えて持とうね」と具体的に伝えるのがポイントです。

スキル② 自分を苦しめる「べき」に向き合ってみる

　いつも決まってイライラする事柄は、ママにとって大切な価値観が反映されているからです。食事中のマナーを大切にするのは悪いことではありませんが、毎日イライラして自分を苦しめているようなら、なぜその「べき」に固執しているのかを考えてみましょう。

　幼少期に厳しく食事のマナーをしつけられた、親戚が集まった席でマナーについて怒られて恥ずかしい思いをした、食事のマナーが悪い同僚が陰で馬鹿にされていた……など、その「べき」を強固にしたと思われる何かしらの経験があるはずです。自分がこだわる理由がわかれば、状況を俯瞰して見ることができるようになります。

スキル③ 「思い込み」や「決めつけ」がないか考えてみよう

　「食事のマナーも知らない大人になってしまうのでは」と心配なママ。イライラする事象に対して、「思い込み」や「決めつけ」が入っていないか、自分の考え方に向き合ってみましょう。

　「今できていないのは事実だけど、だからといって食事のマナーを知らない大人になるというわけではない」と自分の考え方にマイナスなフィルターがかかっていたことに気づくことができれば、冷静になれます。

子どもの細かいこだわりにイライラ！

　子ども（年少・女子）のこだわりにイライラします。お気に入りの洋服を毎日着ようとしたり、食事で「〇〇のお皿がいい」「このイスじゃないと嫌！」など、細かいこだわりを主張します。大人からすると、正直、どうでもいいことばかりでうんざり。子どもの希望や意思を尊重したいと思いつつも、怒りを爆発させてしまいます。

試してみよう！

① イライラをいったん白紙に戻そう

➡ P64　頭ストップ作戦

② 子どもの価値観を知ろう

➡ P34　「自分の価値観」に気づかせてくれる

スキル①　イライラをいったん白紙に戻そう

　子どもが何かに「こだわり」を持つのは、悪いことではありません。自分の好みや欲求、心の安心材料がわかっているということですし、意思表示ができることも自立心が育まれている証です。

　子どもの意思を尊重したいと思うママも、忙しいときや余裕のないときに細かいこだわりを主張されると、わがままに感じてしまいます。毎日同じ服を着せていたら、「周りから『服を買えない家庭だ』と思われてしまうかも」「洗濯していないと思われるかも」……などと考えが暴走し始めたら、**いったん頭の中にストップをかけて白紙に戻しましょう。**

　そもそも、大事に至らない細かなこだわりならば譲ってもかまいません。冷静になって、イライラを爆発させずに対応しましょう。

スキル②　子どもの価値観を知ろう

　「こだわる」は、ひとつのことについて強く思い入れるという意味です。子どもが「なぜそこにこだわるのか？」ということに目を向けてみると、その子の価値観を知ることができます。

　戦隊ヒーローの服を毎日着たがるのは、強くてかっこいいヒーローに憧れているから。プラスティックではなく木目調のお椀で食べたがるのは、「大人と同じものを使いたい」という欲求があるから。ママ目線では「わがまま」にも見えるこだわりには、自分の心で感じ、考え、行動する子どもの大切な価値観が映し出されている場合があります。

　子どもの自立心を育むと思って、周りの人を傷つけるようなこだわりでなければ、本人の価値観を尊重してあげましょう。**自分の価値観を尊重された経験を持つ子どもは、他者の価値観にも寛容になる**ことができます。また、自分の価値観を知って大切にすることで、将来、自分にとってよりよい選択ができるようになります。

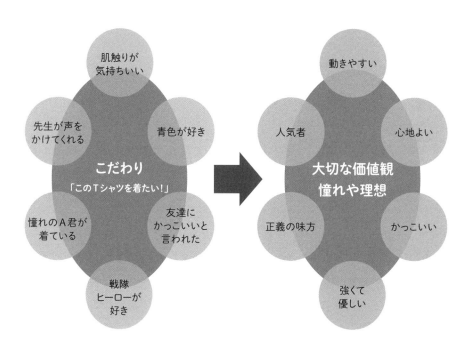

「どうせ……」と拗ねる子どもにイライラ！

　我が子（小学5年生・女子）はイライラの矛先が自分に向くのか、些細なことでも気にして、傷つきやすく、親としてはその繊細さにイライラしてしまいます。「どうせ私が悪いんでしょ」「私なんて、いなければいいんでしょ」と拗ねたり、落ち込んだりすることも多いです。自分を卑下する姿を見ては、「もっと自信を持ってほしい」と望んでしまいます。

試してみよう！

①「できていること」に目を向けさせよう

➡ P84　「できた」を見つけるサクセスログ

②楽しい、嬉しい、ハッピーなことを探してみよう

➡ P102　いいこと探しの「ハッピーログ」

スキル① 「できていること」に目を向けさせよう

　「どうせ……」と諦めたり拗ねたりする子どもは、「きっと無理だろう」「またできないに決まってる」と思い込んでしまい、明るい未来像が描けていない状態です。「残念」「がっかり」などのマイナス感情が溜まるほど、イライラも生まれやすい悪循環になってしまいます。そんなときは、小さな「できた」に目を向けられる「サクセスログ」をつけることを教えてあげてください。

　些細なことでも気になったり傷ついたりするのは、繊細で豊かな感性の持ち主だから。そんな子どもは、人の気持ちを察したり理解したりできる、思いやりのある優しい人ともいえます。「具合が悪い友達を保健室に連れて行くことができた」「泣いている友達に声をかけた」など、繊細な心を持つからこそできていることがたくさんあるはずです。サクセスログをつける

と、**自分は毎日色々なことができているということを実感し、自分で自分を認めてあげられる**ようになります。

　本人がサクセスログを書かない場合は、ママが「テストの名前、きれいに書けてるね」「毎日決まった時間に起きられて、すごいね」と当たり前のようにできていることにも、改めて言葉をかけてあげてください。子どもに小さな自信が生まれ、自己肯定感を高めることができます。

スキル②　楽しい、嬉しい、ハッピーなことを探してみよう

　自分を責めがちな子どもは、胸の内にマイナス感情を抱えがち。そんな子どもには、「ハッピーログ」を書くことを教えてあげましょう。楽しい、嬉しいと感じることを書き出すと、日常には小さなハッピーが溢れていると気づけるようになります。

　日常のハッピーに目が向けられるようになれば、マイナス感情を必要以上に溜め込んだり、自分を責めたりするようなことが少なくなっていくでしょう。

■ サクセスログの例

日付	できたこと・うまくいったこと
10/13	具合の悪い友達を保健室に連れて行けた
10/13	黒板を綺麗に消せた
10/13	宿題をいつもより早く終わらせた
10/14	体操服をきれいにたためた
10/14	廊下のゴミを拾って捨てた
10/15	隣りの席の友達に消しゴムを貸した
10/16	うさぎのゲージを掃除した
10/16	ママの手伝いができた
10/17	ピアノの練習、最後まで止まらずに弾けた

■ ハッピーログの例

日付	嬉しかったこと・楽しかったこと	温度
2/17	雪が降って、雪だるまを作った	8
2/17	新しい手袋を買ってもらえた	7
2/18	給食のメニューが大好きなカレー	6
2/18	テストが100点だった	8
2/19	今度映画に連れて行ってくれるとママが言った	5
2/19	夕焼けがとてもきれいだった	3
2/20	友達の家の犬を抱っこさせてもらった	4
2/20	友達の家で食べたおやつが美味しかった	3
2/20	おばあちゃんから電話	2

きょうだいでテレビのチャンネル争いにイライラ!

　うちの子どもたち（小学4年生・女子と小学3年生・男子）は、観たいテレビ番組がそれぞれ違います。どちらが先に予約していたとか、前から「この番組は絶対に観る」と宣言していたとか、勝手にチャンネルを替えられたとか、毎日のようにテレビを巡って言い争っています。どう対応すればいいのでしょうか。

試してみよう!

① それぞれの「べき」をあぶりだそう

➡ P100　イライラの正体を知る「べきログ」

② 三重丸でルール作り

➡ P52　「怒る・怒らない」を決める

スキル①　それぞれの「べき」をあぶりだそう

　毎日繰り返される家族間のイライラには、ルールを作ることで対処しましょう。

　まず、テレビを観るときに家族に守ってもらいたい「べき」と、その項目に対する家族それぞれの優先順位（1〜5）を右表のように書き出します。家族の「べき」を可視化することで、お互いに「何が嫌なのか」がわかります。

　また、重要度を横軸で足してみると、家族として優先順位の高い「べき」がわかるので、ルール作りがしやすくなります。この場合は、「観たい番組の時間が重なったら、先に予約した人が優先的に観るべき」の順位が高いですから、家族全員で守るようにしましょう。

みんなに守ってほしい「べき」	パパ	ママ	姉	弟	妹	合計
テレビは喧嘩せずに静かに観るべき	2	1	4	3	3	13
誰かが観ている最中で、勝手にチャンネルを替えるべきではない	4	2	2	5	5	18
観たい番組の時間が重なったら、先に予約した人が優先的に観るべき	1	3	3	2	2	11
観たい番組の時間が重なったら、ジャンケンで負けたほうが録画するべき	3	4	1	1	4	13
観たい番組の時間が重なったら、10分交代でチャンネルを替えるべき	5	5	5	4	1	20

スキル② 三重丸でルール作り

　家族それぞれの「べき」と優先順位が出たら、三重丸を使って「テレビを観るときのルール」を作ります。スキル①で家族の優先順位が高かった（合計点の低い）ものから考えましょう。

1 理想	・先に予約した人が優先的に観る ・予約していないときに観たい番組が重なったら、ジャンケンで負けた人が録画して別の日に観る
2 まぁ許せる	・お互いに納得していれば、10分交代でチャンネルを替えてもOK
3 許せない	・観ているときに勝手にチャンネルを替える ・観られないからといって、人や物に八つ当たりする

　ルールができたら、家族のみんなが守れるようにテレビの近くに貼っておくといいです。

すぐ「ムカつく」「ウザい」と言う子どもにイライラ!

　うちの子（小学6年生・女子）の言葉遣いが悪くて困っています。この前も、テレビを観続けているので「宿題は終わったの?」と注意したところ、「何度も言わないで。ムカつく!　ウザい!」と言い返されました。私もカッとなり、「親に向かってそんな言葉を使うべきじゃないでしょ!」と言い返してしまいました。何かよい解決方法はないでしょうか?

試してみよう!

① 気持ちを敏感に感じ取ってイライラの言葉を増やそう

➡ P74　怒りの温度づけ

② プラス言葉に変換して受け止めよう

➡ P58　伝え方を身につける

スキル① 　気持ちを敏感に感じ取ってイライラの言葉を増やそう

　イライラすることも、イライラを伝えることも、悪いことではありません。ただ、子どもはイライラの気持ちをすべて「ムカつく」や「ウザい」などの一言で片付けてしまうことがあります。「ムカつく」だけでは表現が大雑把すぎて自分の気持ちが相手に伝わらず、伝わらないことでますますイライラを募らせてしまいます。

　怒りの温度づけをすると、**イライラが幅の広い感情であるとわかり、自分のイライラの度合いを敏感に感じ取れる**ようになります。「ムカつくって、怒りの温度では3くらい?」と聞いてみると、子どもは自分のイライラの状態を振り返ります。ママは子どものイライラの状態に合わせて、「不愉快だった?」など「ムカつく」以外の言葉で表現するように促してみてください。

スキル② プラス言葉に変換して受け止めよう

　高学年にもなると、親の言動にいちいち言葉や態度で反発することが増えていきます。それを頭ごなしに怒っても解決しないどころか、ますます反発心が芽生えてしまう時期です。

　「何度も言わないで。ムカつく！ウザい！」と言ってほしくない否定的な言葉が出てきたら、「黙っていてほしかったのね」と肯定的な言葉に置き換えて、子どもの気持ちを受容しましょう。

　「人間関係は鏡」と言われるように、**否定的な言葉を投げつければ、同じように否定的な言葉や態度で投げ返される**ものです。肯定的な表現で受け止めた上で、「夕飯の時間までには、宿題を終えておいてね」「『ウザい』という言葉は、言ってほしくないな」とママのリクエストを伝えましょう。

■ 反抗期のイライラ言葉、どう受け止める？

反抗期のイライラ言葉	イライラを受容する言葉
ムカつく	不快なんだ。怒りの温度にしたら何度？
ブチギレ	爆発しそうなくらい嫌だったのね
うざい	そっとしておいてほしいのね
うるせー	静かにしてほしいのね。黙っていてほしいのね
近寄らないで / 来ないで	一人になりたいのね
ほっといて	今は話したくないのね / かかわってほしくないのね
めんどくせー	今はやりたくないのね
別に	特に変わりはないんだ
普通	いつもと同じだったのね

✕ 火に油をそそぐ、子どもを責める言葉
「親に向かって何なの？ その言い方！」
「そんな子はいらない！ 出ていきなさい！」
「そんな子どもに育てた覚えはない！」

○ 受け止めた上で、ママの思いも伝える
「そういう言葉は使って欲しくないな」
「その言葉は傷ついたよ」
「あなたのことを心配しているのよ」

「おやつを食べられた！」子どものイライラ

　手土産でいただいたケーキがひとつ余ったので、冷蔵庫に入れておきました。翌日、学校から帰った弟（小学1年生）がそのケーキを食べたのですが、その後帰宅した姉（小学3年生）が「私も食べたかったのに！　ずるい！　返して！　同じケーキ買って来て！」と烈火のごとく怒り、弟を叩いたり、おもちゃを投げたり……。「たかがケーキでこんなにキレる？」と呆れてしまいました。

試してみよう！

① 怒るときのルールを伝えよう

➡ P46　怒るときに守ってほしい3つのルール

② やり場のないイライラは絵で表現してみよう

➡ P76　イライラを絵にしよう

③ 誰のものかわかる工夫をしよう

➡ P104　状況を変える「変化ログ」

スキル① 怒るときのルールを伝えよう

　「食べ物の恨みは恐ろしい」とはよく言いますが、誰かに自分のものを食べられたら、大人であってもムッとする人は多いのではないでしょうか。とくに、好きな食べ物はお腹も心も満たしてくれますから、「誰かに奪われた」と感じたら、イライラが生まれるのも自然なこと。同じものを簡単に用意できないとわかれば、さらに怒りが膨れ上がります。

　とはいえ、弟を叩いたり、物に当たったりする行動は、やってはいけません。ママはそのことを毅然とした態度で伝えましょう。「人・自分・物を

傷つけない」という、怒るときのルールを教えてあげてください。

スキル② やり場のないイライラは絵で表現してみよう

　子どもが抱えるやり場のないイライラは、紙に描き出してもらいましょう。なぐり描きのようにイライラをぶつける子どももいますが、手を動かして絵を描いているうちに気持ちを切り替えることができます。

　また、ママが絵を見ながら「〜な気持ちだったんだね」と子どもの話を聞いて受け止めてあげると、子どもは自分のイライラを客観視することができて、落ち着きを取り戻せるでしょう。

スキル③ 誰のものかわかる工夫をしよう

　このケースのイライラは、「残ったケーキは誰のものか」が明確でなかったことも一因にあります。状況を変えるために、誰のものかがわかる工夫や共通のルールを考えましょう。

　例えば、自分のものには名前を書いた付箋を貼っておく。冷蔵庫内に家族それぞれのケースを置いて、その中に入れておく。余ったケーキを片付ける際に誰が食べるのか決めておく。工夫をすれば、「誰かに食べられる」というトラブルを防ぐことができます。

　また、誰のものかを決める際は、「全員に聞いてOKをもらう」「均等に分ける」といったルールを作っておくのも方法のひとつです。

嫌がらせを受けている子どものイライラ

学校のお友達から嫌がらせをされて、イライラしているうちの子（小学4年生・男子）。変なニックネームをつけられてからかわれたり、モノマネをされたり、筆箱や教科書を隠されることもあるそうです。仲良く遊ぶときもあるそうですが、「もしかして、いじめ？」と心配です。どうしてあげればよいでしょうか。

試してみよう！

① 嫌がらせをされたらアンガーログを書かせよう

➡ P98　イライラの記録「アンガーログ」

② どんな行動ができるか考えよう

➡ P104　状況を変える「変化ログ」

スキル① 嫌がらせをされたらアンガーログを書かせよう

子ども同士のやりとりは、遊びやからかいなのか、いじめなのか、見極めが難しい場合があります。友達から嫌がらせをされてイライラしている子どもには、アンガーログを書くようにすすめてください。「いつ」「どこで」「どんなことがあったか」を言語化することで、自分の気持ちや考えを整理でき、心を落ち着かせる効果があります。

また、アンガーログは、**嫌がらせに対して「どう考え、対処すればいいか」を親子で話し合うためのツール**にもなります。時間があるときにログをゆっくりと振り返ってみてください。いつ、どこで嫌がらせを受けることが多いのか、どんな嫌がらせを不快と感じるのか、嫌がらせがないときはどんなときか、自分だけでなく相手のイライラパターンを把握することもできれば、嫌がらせを防ぐ対策を親子で考えることができます。

先生に相談するときも、アンガーログを見せれば状況をわかりやすく説明できます。

■ アンガーログ

金曜日に嫌がらせをされることが多いかも

日付	場所	出来事	温度
5/27（水）	学校の下駄箱	下校時間、A君から「バイバイキン〜除菌しな」と言われた	6
5/28（木）	教室	掃除時間に僕の足をほうきで掃こうとした	3
5/29（金）	教室	朝の時間、「おはよう」と言いながら背中をドンと押された	3
5/29（金）	教室	中休みの後の算数の時間に教科書がなかった。A君が「俺の引き出しに入ってた〜！」ととぼけた。絶対、わざとやったんだ！	⑧
5/29（金）	帰り道	下校時間、「バイバイキン、消えな」と笑って言われた	7
6/1（月）	体育館	体育の時間、僕がバスケットボールでシュートを決めたら「珍しいね」と言われた	2
6/2（火）	廊下	休み時間にいきなり、ぶつかってきた	2
6/2（火）	教室	A君から「宝探ししようぜ」と言われて筆箱を隠された	⑧
6/3（水）	校庭	放課後にサッカーをしていたらB君がズルをした	5

先生がいない時間に嫌なことが起こっているかも

僕の物を隠されるのがすごく嫌なのかも

スキル② どんな行動ができるか考えよう

嫌がらせを受ける状況を変えたいときにどんな行動ができるか、子どもと一緒に考えてみましょう。

嫌がらせがあった事実は変えられなくても、今後の自分の行動は選べます。「やめてほしい」と相手に伝える、先生や友達に相談する、かかわらない、他の友達と遊ぶなど、試してみたい行動を考えて、**負担が少なく、チャレンジしやすい行動からやってみる**ように、子どもに伝えましょう。

こちらが行動しないままだと、相手の言動がエスカレートする場合があります。悪ふざけであっても、相手が嫌だと思えばいじめです。「嫌だ」「やめて」と意思表示をする、ときには「逃げる」といった選択も、自分を守るためには大事なことです。

妹の言動を我慢している兄のイライラ

　うちの子どもは、イライラしても我慢するタイプの兄（小学1年生）と、すぐ兄や物に当たるタイプの妹（年中）です。妹が癇癪を起こすと、兄は「自分はいつも我慢しているのに、八つ当たりされて損している」と妹の怒り方にイライラしています。二人の性格を足して2で割ればちょうどいいのに……なんて思いつつ、とくに我慢してイライラしている兄が心配です。

試してみよう！

① お互いのイライラを粘土で表現してみよう

➡ P94　イライラモンスターで怒りを実感

② 体を緩めてイライラも手放そう

➡ P120　心を緩めるストレッチ

③ 伝える手段を一緒に考えよう

➡ P58　伝え方を身につける

スキル① お互いのイライラを粘土で表現してみよう

　同じ親、同じ環境で育てていても、きょうだいの性格や気質は違うもの。物事に対する捉え方も、感じ方や表現方法も違います。我慢するお兄さんは抱え込まずに表現できるように、人や物に当たってしまう妹さんは、八つ当たりしないで表現できるようになることが望ましいですね。

　タイプの違う二人には、イライラを粘土で立体的に表現してもらいましょう。とくに、うまく気持ちを表現できないタイプの子どもは、言葉で伝えるよりも少ない負担で取り組めます。粘土をこねたりちぎったり、目の前の作業に集中することで、気持ちも落ち着いてきます。モヤモヤとした

怒り、熱く激しい怒りなど、**自分の気持ちを客観視**でき、お互いに異なるイライラの気持ちを抱えていると実感できます。

スキル②　体を緩めてイライラも手放そう

きょうだいのイライラの表現方法は異なりますが、どちらも攻撃的なエネルギーが体内を駆け巡っている状態。こんなときは、ストレッチで体を緩めることで、心もほぐしていきましょう。大きく背伸びをしたり、肩を回したり、首を回したり、ママも一緒に軽くストレッチをしてみてください。音楽や動画を流すと、気持ちも切り替わりやすくなります。

スキル③　伝える手段を一緒に考えよう

きょうだいの関係性によっては、一方が理不尽な怒りをぶつけられても我慢している場合があります。親もそれを当たり前と認識していたり、穏便にすませたいがために、その状況に甘えて見過ごしてしまうことがあります。

ときには、「本当は傷ついているんじゃない？」「嫌なら『やめて』と言っていいんだよ」と声をかけて、話を聞いてあげましょう。親も一緒に言ってあげる、気持ちを手紙に書くなど、伝える手段を一緒に考えてみましょう。

頑張っても結果を出せなかった子どものイライラ

「運動会のリレーの選手になる！」と目標を立てて練習に励んでいた息子（小学5年生）。毎日家の周りを走り、休日も夫と公園でスタート練習をしていましたが、努力もむなしく、願いは叶いませんでした。よほど悔しかったのか、「もう運動会に出たくない！」と泣いて怒っています。そんな息子に、どうかかわったらいいでしょうか？

試してみよう！

① 悔しさは力にできることを伝えよう

➡ 第2章 「イライラ」が教えてくれる8つのサイン

②「どうなりたい？」で理想の未来を描いてもらおう

➡ P82 理想の1日を描く「ミラクルデイ・エクササイズ」

③ スモールステップで叶えよう

➡ P104 状況を変える「変化ログ」

スキル① 悔しさは力にできることを伝えよう

泣いて怒るほど、「リレーの選手になりたかった」という思いが強かったのですね。その悔しいと感じるイライラこそ、「自分を奮い立たせる力」に変えることができます。子どもが望む理想や欲求は何か？　イライラが自分を成長させてくれるサインだということを、子どもに話してみましょう。

スキル②「どうなりたい？」で理想の未来を描いてもらおう

子どもの悔しい思いに寄り添い、受け止めた上で、「来年はどうなっていたら最高？」と、子どもが叶えたい未来を具体的にイメージしてもらいま

しょう。

　泣いて悔しがる気持ちの裏には、子どもの「なりたい姿」があります。「リレーの選手に選ばれてアンカーになっている。前の走者をごぼう抜きして、1位でゴールテープを切った僕は、嬉しくて飛び跳ねている。たくさんの拍手をもらって清々しい気持ち」とイメージできたら、気持ちも前向きになり、新たな一歩を踏み出すことができるでしょう。

スキル③　スモールステップで叶えよう

　理想の未来を描いたら、実現するための具体的な行動を考えます。なりたい自分に近づくために、起こしたい変化とそのための行動を、小さな階段を一段ずつ上っていくイメージで紙に書き出してみましょう。

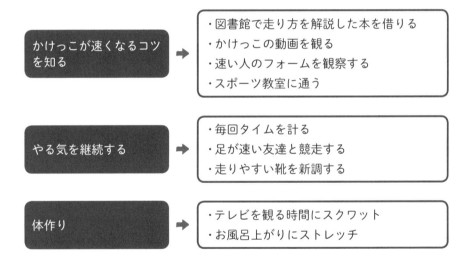

かけっこが速くなるコツを知る	→	・図書館で走り方を解説した本を借りる ・かけっこの動画を観る ・速い人のフォームを観察する ・スポーツ教室に通う
やる気を継続する	→	・毎回タイムを計る ・足が速い友達と競走する ・走りやすい靴を新調する
体作り	→	・テレビを観る時間にスクワット ・お風呂上がりにストレッチ

　できることから取り組んで、なりたい自分に少しずつ近づきましょう。

●著者紹介

小尻美奈 (こじり・みな)

幼稚園教諭、保育士などを経て、一般社団法人日本アンガーマネジメント協会認定のアンガーマネジメントコンサルタントとして、学校・省庁・企業などでアンガーマネジメントの講演や研修を行う。また、同協会本部主催登壇講師としてキッズプログラムの開発や指導者の育成にも従事。アンガーマネジメントの認定資格者の指導人数は約800名。杉並子育て応援券サービス提供事業者「おひさまママン」として保護者に向けた講座も開催している。共著に『子育てのイライラスッキリ！ママのアンガーマネジメント８つのマジック』(合同出版)。
ブログ●https://ameblo.jp/ohisama2525mama/

●参考文献

『「怒り」を上手にコントロールする技術 アンガーマネジメント実践講座』安藤俊介著(PHPビジネス新書)
一般社団法人日本アンガーマネジメント協会 テキスト

●会員特典データのご案内
本書で紹介したアンガーマネジメントに取り組む際の資料を、以下のサイトからダウンロードして入手いただけます。
https://www.shoeisha.co.jp/book/present/9784798164410

●注意
※会員特典データのダウンロードには、SHOEISHA iD(翔泳社が運営する無料の会員制度)への会員登録が必要です。詳しくは、Webサイトをご覧ください。
※会員特典データに関する権利は著者および株式会社翔泳社が所有しています。許可なく配布したり、Webサイトに転載することはできません。
※会員特典データの提供は予告なく終了することがあります。あらかじめご了承ください。

ママも子どももイライラしない
親子でできるアンガーマネジメント

2020年12月 9日　初版第1刷発行
2022年11月25日　初版第2刷発行

著者　　　小尻 美奈
発行人　　佐々木 幹夫
発行所　　株式会社 翔泳社 (https://www.shoeisha.co.jp)
印刷・製本　日経印刷 株式会社

©2020 Mina Kojiri

ISBN978-4-7981-6441-0　　　　　　　　　　　　　　　　　　Printed in Japan